致家长——
小学生素质教育
的⑫个话题

◎孙庭春　徐　刚　著

中国出版集团　研究出版社

图书在版编目（CIP）数据

致家长：小学生素质教育的 12 个话题 / 孙庭春，徐
刚著 . —北京：研究出版社，2017.2
ISBN 978-7-5199-0047-2

I . ①致… II . ①孙… ②徐… III . ①小学—家庭
教育—素质教育 IV . ① G782

中国版本图书馆 CIP 数据核字（2017）第 020067 号

致家长——小学生素质教育的 12 个话题

作　　者	孙庭春　徐刚　著
责任编辑	刘姝宏
出版发行	研究出版社
地　　址	北京市东城区沙滩北街 2 号中研楼
邮政编码	100009
电　　话	010-64257481（总编室）　010-64267325（发行部）
网　　址	www.yanjiuchubanshe.com
电子信箱	yjcbsfxb@126.com
印　　刷	北京卓诚恒信彩色印刷有限公司
开　　本	787mm×1092mm 1/16
印　　张	11.25
版　　次	2017 年 5 月第 1 版　2017 年 5 月第 1 次印刷
书　　号	ISBN 978-7-5199-0047-2
定　　价	48.00 元

共同的话题

《国家中长期教育改革和发展规划纲要（2010—2020 年）》确定了素质教育是教育改革和发展的根本任务。

按照《简明教育辞典》的解释，素质是有机体生来具有的某些解剖生理特点，主要是神经系统尤其是大脑以及感觉器官和运动器官的解剖生理特点。素质是能力形成和发展的自然前提，为一个人能力的发展提供了可能性，但它并不能决定一个人的能力。素质与能力不是一对一的关系，在同样的素质基础上可以形成各种不同的能力，同一种能力也可以在不同的素质基础上形成，这完全取决于后天的条件。这"后天的条件"显然是指教育。也就是说，素质教育关系到少年儿童的素质培养。少年儿童是国家的未来、民族的希望，他们的素质如何，决定着在全球性竞争中祖国的命运，决定中华民族的荣辱兴衰！

素质教育非常重要而又常常被人们忽略，有人编了个顺口溜儿："说起来重要，干起来次要，忙起来不要！"

素质教育十分紧迫而又常常被人们搁置，也有人编了个顺口溜儿："工业不抓不出钢，农业不抓不出粮，孩子不抓照样长！"

改革开放以来，科教兴国的基本国策日益深入人心。有关少年儿童教育的话题人们关注了不少，讨论了很多，包括学校的、家庭的、课上的、校外的甚至学前的，也想了很多办法，取得了很大的成效，但是应当承认，素质教育在全社会的受重视程度仍然远远不够。

很多人都知道《钢铁是怎样炼成的》这部书。这是奥斯特洛夫斯基根据亲身经历于 1930 年至 1933 年写成的长篇小说，小说情节生动、感情真挚、内涵丰富、深切动人，不但成为苏联名著，也在全世界广为流传。书中主人公保尔·柯察金为真理而献身的感人事迹，成为无数读者，特别是青年读者人生征途的坐标。"人的一生应当这样度过：当他回首往事时，他不因虚度年华而悔恨，也不会因碌碌无为而羞耻；这样，临终前他就可以自豪地说：'我已经把整个生命和全部精力都献给了世界上最壮丽的事业——为人类的解放而奋斗。'"这句话曾鼓舞无数的人们艰苦奋斗，勇往直前。这部著作传入中国之后，同样引起了社会强烈反响，新中国的青少年以保尔·柯察金为楷模，投身于祖国建设，在艰苦的社会实践中锻炼成长。这本书成为中国百姓教育青少年自觉成才的文学范本，书名也成为大家长期思考的一句禅语：钢铁是怎样炼成的？！

再回到少年儿童素质教育的话题。望子成龙，人之常情。一家如此，一民族，一党，一国亦是如此。人类的繁衍，民族的延续，政党的巩固莫不渴望一代胜过一代。因此，教育的问题，教育方法的问题，历来是社会关注的热点。古人的开蒙读物《三字经》中"昔孟母，择邻处"讲的就是教育环境的选择问题；"养不教，父之过。教不成，师之惰"则直指教育责任……古人在教育问题上的经验积累，有着许多真知灼见，即使在今天对我们仍有宝贵的启示意义。毫无疑问，钢铁是在血与火中炼成的！明天是属于孩子们的，用什么样的教育思想、教育方法去培养少年儿童的素质，是摆在我们面前的共同课题，是全社会的现代化教育工程问题。

社会生产力越发达，科学技术越进步，人们的生活水平越提升，这个课题就显得越迫切，解答起来就要求更科学，更细致。在科教兴国已经成为基本国策的今天，钢铁应该怎样炼成，需要方方面面的勤力同心，特别是学校和家庭教育的和谐合力。

2015年10月，国家教育部颁布了《教育部关于加强家庭教育工作的指导意见》，明确指出：家庭是社会的基本细胞。注重家庭、注重家教、注重家风，对于国家发展、民族进步、社会和谐具有十分重要的意义。家庭是孩子的第一个课堂，父母是孩子的第一任老师。家庭教育工作开展得如何，关系到孩子的终身发展，关系到千家万户的切身利益，关系到国家和民族的未来。

然而，我们不能不说，家庭教育还存在着认识不到位、教育水平不高、相关资源缺乏等问题，重智轻德、重知轻能、过分宠爱、过高要求等现象普遍存在，甚至引发了家长与教师的关系紧张、家长与学校的矛盾激化，直接影响了少年儿童的健康成长和全面发展。

当前，我国正处在全面建设小康社会的关键阶段，重视家庭教育，提升家长素质，提高育人水平已经迫在眉睫。在教育改革日益深化、不断创新的时代大潮中，家长应进一步明确在家庭教育中的主体责任，依法履行家庭教育职责，及时了解掌握孩子不同年龄段的表现和成长特点，尊重孩子的合理需要和个性，创设适合孩子成长的必要条件和生活环境，努力把握家庭教育的规律，积极发挥榜样作用，努力提升自身素质和能力，与学校、社会共同形成教育合力，真正做到因材施教，培养孩子健康的体魄、良好的生活习惯和品德行为，让他们在快乐的童年全面发展，奠基美好的人生。

我们长期从事基层学校的管理工作和基础教育的研究工作，对家庭教育和学校教育的和谐共融有着深切的感受。为了支持和帮助广大家长更新家庭教育理念，坚持立德树人导向，系统掌握家庭教育的科学理念和方法，用正确思想、正确方法、正确行动教育引导孩子，提高自身素质，提升家庭教育水平，我们筛选了当今家长们普遍关注的12个话题，通过谈话方式探讨少年儿童素质教育的种种现象和缘由，通过分析新闻媒体公开的各类案例一吐心中块垒，促使家长们从中感到素质教育重要性并认识到不良教育观念、方式、环境对孩子健康成长的严重危害，虽是一家之言，但力求有理论、有方法、有建议，溯其根源，剖其利害，探其方略，贡献给家长们，以求共同思考和行动。

讨论少年儿童素质教育的问题，最忌哗众取宠，贵在以事实说话。我们下面就秉承实话实说、直话直说的宗旨，将话题展开，谈将开来……

目录 CONTENTS

01 一个高度关注的话题：我们在和谁较量

词典对于"较量"一词的解释是：用竞赛或斗争的方式比本领、实力的高低。显然，较量这个词并不是一个平和、温顺的词，较量这个事也并不是一件温文尔雅的事。

实际上，自从地球上有了生物链，就有了生物之间的较量。恐龙不适应变化了的地球，于是灭绝了。大熊猫作为活化石，虽然是稀世珍宝，但数量日减，濒临灭绝，虽然人类采取了许多保护措施，但是大熊猫在与环境和天敌的较量中，力量实在是太弱了。人类也不例外，优胜劣汰，弱肉强食，无情地写满了人类的发展史。国家在较量中兴亡，民族在较量中兴衰。为了生存与发展的需要，较量是必然的，也是残酷的。

回放：一次夏令营引起一场少年儿童素质教育大讨论

对夏令营，人们并不陌生。我们国家过去的夏令营，专属于教育有关部门主办，专门吸收表现优秀的中小学生参加。改革开放以后，夏令营社会化了，形式多样，五花八门，成人的，儿童的；全国的，地方的；综合的，专题的；健全人的，残疾人的……首都北京、海滨大连、名城青岛、西湖杭州、江南绍兴、北疆包头、秦皇岛畔北戴河边，呼伦贝尔大草原都曾留下夏令营快乐的歌声，燃烧的篝火。

"再穷不能穷了教育，再苦不能苦了孩子。"这是中国老百姓的共识，有源于此，反映在夏令营活动的举办上，便有了营地必风景优美，内容必丰富多彩，生活必吃好住好，安全必万无一失的普遍要求。夏令营几乎成了吃喝玩乐一条龙的代名词，当然，也是开阔视野、增长见识的好形式。

很多人都还记得，1992 年在内蒙古察右中旗辉腾锡勒草原举办过一次中日儿童草原探险夏令营。没有想到，这次别开生面的夏令营，由于孙云晓的一篇文章《夏令营中的较量》引发了一场波及全国的关于少年儿童素质教育的大讨论。

夏令营是内蒙古少工委受全国少工委和国家宋庆龄基金会的委托承办的。孙云晓并没有参加这次夏令营，他是凭借着高度的教育敏感和职业责任感经过采访写下的文章。文章从一个新的角度提出了一个严峻的问题：全球在竞争，教育是关键。中国要想不落伍，该怎样教育我们的孩子？

文章没有哗众取宠，也不危言耸听，只是根据采访到的种种夏令营的现实进行了分析和比较：如中国孩子病了回大本营睡大觉，日本孩子病了硬挺着走到底；日本家长乘车走了，把鼓励留给发高烧的孩子，中国家长来了，在艰难路段把孩子拉上车扬长而去；日本的家长花钱为孩子买罪受，中国的家长把慰问电话追到营地……透过这种种不同表现，让我们实实在在看到了在夯实国民素质基础上的差距。

这篇文章在 1993 年 11 月 25 日的《中国教育报》上发表后立即引起了广泛的关注，此后，孙云晓又以启示、纪实、沉思为副标题发表了《夏令营史上的一场变革》《微笑的挑战者》《隐患》等文章。这些文章同样引起了社会震动，不同行业的普通百姓，通过不同方式发表了自己的看法；国家教委、团中央、全国少工委等有关部门和单位不失时机地对这场大讨论进行了引导和组织；《人民日报》《中国教育报》等电视台、电台、报刊等新闻媒介进行了大量的报道和评述；中国青少年研究中心、中国少年报社等单位组织了各种专题讨论和课题研究；中国少年儿童出版社还将各家之言汇编成册，出版发行；此后，全国少工委推出了旨在全面提高儿童素质的跨世纪雏鹰行动，儿童素质教育逐步得到了全国范围内的重视。

这场大讨论产生了深远的影响，很多人都知道了这次夏令营，都由此记住了内蒙古，辉腾锡勒更是由此声名远播，令很多人特别是北京人趋之若鹜，成为至今炙手可热的旅游景点。

时光荏苒，光阴似箭。20 多年过去了，时至今日，人们在回忆起那次夏令营的时候，更加关心的是我们今天的少年儿童素质教育的状况，更加重视的是我们今后该如何改善少年儿童素质教育。

透视：较量不只是在孩子们中间展开

较量，首先表现在中日教育观念的差异上。

差异，首先表现在夏令营营地的选择上。

中日儿童草原探险夏令营是由日本福冈以组织孩子游戏冒险活动而著称的"蚂蚁蟋蟀"游戏学校所发起的。这个学校的创始人叫河边新一，据说是福冈埃迪尔技研株式会社的代表。1990 年，河边新一和日本全国公民馆联合会副会长乡田实和福冈市的小田切夫共同创办了"蚂蚁蟋蟀"游戏学校。实际上，这是一所专门组织孩子们进行校外教育活动的学校，其功能类似于我们的少年宫之类的校外教育机构。

经济发达的日本，在其发展过程中科技和教育发挥了巨大的作用。但进入 20 世纪 80 年代后，部分儿童心理生理上懦弱，耽于安逸，不思进取，引起了日本举国上下的重视。人们清醒地认识到不能只顾今天不要明天，儿童的素质教育得到全民关注并逐步取得共识。"蚂蚁蟋蟀"这类专门组织孩子游戏冒险活动的学校便得到了公众的理解和支持，日本人"花钱给孩子买罪受"在中日儿童草原探险夏令营中得到了充分的体现。

双方首先在营地选择上表现出教育观念的不同。

这类夏令营日本人是在我国青岛首次举办的。其后，又把目标盯在了草原。于是提前半年带着明确的诉求来中国实地踏勘。他们负责踏勘的 3 位工作人员非常敬业，软卧不坐坐硬卧，餐车不去吃盒饭，几个大背包随身携带。到了呼和浩特之后，只在昭君大酒店住了一夜，就嫌太豪华，没感觉，要住蒙古包，说是要实地体验一下。根据他们的请求，内蒙古少工委负责人陪他们驾车去选择营地，从四子王旗的葛根塔拉草原到伊克昭盟的成吉思汗陵，近千公里跑下来，人人都疲惫不堪。说实话，到内蒙古旅游就是线长点远多跑

路，而且当时路况也不是太好。人们只知道草原有浓郁的蒙古族风情，香醇的烤羊腿、浓烈的白酒加上洁白的哈达，再伴以悠扬高亢的蒙古长调，令人如醉如痴。可是，就在

这草原旅游的黄金季节里，人们感到的也绝不仅仅是愉悦，比如草原上的中午非常热，没有阴凉可以躲避烈日，蒙古包里热得像蒸笼；草原上温差大，晚上就是躲在蒙古包里也会感到袭人的凉意。我们向日方推荐的线路，四子王旗草原、沙漠奇观响沙湾、威武壮观的成吉思汗陵，线路从青城呼和浩特出发、穿越乌兰察布盟（今乌兰察布市）到钢城包头、伊克昭盟（今鄂尔多斯市），跨越黄河，至少要三四天时间，来往行程近千公里。我们原想这样安排虽然自然景观、人文景观都包括了，但就怕孩子们太累，难以承受。可万万没有想到日方竟然不满意，不是嫌费用高，孩子们累，而是嫌条件太好，孩子们还不够累，达不到生存锻炼的标准。他们的要求是选择一处人迹罕至的草原，能够让孩子们编队每天独立地行走 10 公里左右，靠指南针确定方向，而且要走 2—3 天，在野外自己做饭，住宿，完成交代的考察任务，在预定的时间内到大本营集中，然后举办全营性的活动。每个小队可以有随行的马车拉大件行李，但不准靠近队伍；营员每人必须负重 5 公斤以上；可以有保卫人员跟行，可以配备 1—2 名工作人员伴行，但只准辅导，不准插手代办任何事务。中日孩子混合编

队，便于交流。一句话，要让孩子们在瞬息万变的自然条件下，依靠自己的智慧和力量解决生活问题，从而培养他们的生存能力和团队精神。

表面上看，这似乎是一个不太难的问题，但实际上这是一个很难的问题。首先，我们过去没有在夏令营中故意让孩子们受罪的理念，即使我们的教育部门理解了，也还有一个说服社会有关方面给予配合的问题。同时，我们还要做比以往一切由成人包办的夏令营更多更复杂的准备工作，包括对我们中国营员的选拔、进行思想教育和生存训练以及提供安全、交通、生活、卫生、活动等方面的保障服务。当然，首先是要选择一处符合双方要求的营地。

前来踏勘的日本人必须要走了，他们的一切手续包括返程的机票都是预定好了的。即便符合要求的营地还没有选好，他们也必须先离开中国。他们不看好我们推荐的夏令营的路线和营地，尽管我们认为这已经很艰苦很能锻炼人了。日本人毫不掩饰自己的失望情绪。临走前的那天晚上，双方聚在内蒙古饭店大厅等候去机场，客气话早已说完，气氛有些沉闷。看得出来，日本人并没有死心，他们拿着不知从哪里搞来的地图，喋喋

不休地缠着中方接待人员问这问那，竟然问到了红山口。红山口是集宁附近的一个地名，是解放时乌兰察布盟行署的所在地，现在的年轻人大都不知道这个地方。再看看，日本人手里竟然还有复印的集宁地区的旧地图，日本人的精明可见一斑。

很晚了，日本人还在不停地讨论。内蒙古少工委的一位领导忽然想起插队和曾经工作过的察右中旗。察右中旗属于乌兰察布盟，地处后山地区，远离铁路，距集宁 63 公里，距呼和浩特约 100 公里。自然气候恶劣，无霜期极短，地貌复杂。察右中旗有一片辉腾锡勒草原，位于察右中旗政府所在地科布尔镇西南，海拔较高，较为辽阔，一边是草原，一边是沟壑，原是直属乌盟的种马场。辉腾锡勒是蒙语，当地人称灰腾梁。每年七八月间，这里水草丰美，风景秀丽。几十个大大小小的水泡子（蒙语叫海子）散落其间，犹如珍珠撒在碧绿的地毯上，熠熠发光。水面上不时可见野鸭畅游，甚至偶尔可见天鹅栖息。数不清的花儿迎风绽放，雨后的蘑菇也转圈儿长起来。天高云淡，百灵欢叫，美景如诗如画，令人如醉如痴。不过，这里风光虽美，却很难叫人长久驻足。首先是交通不便，似有似无的公路崎岖坎坷，还是大搞战备的时候修的。气候恶劣得难以想象，即使是三伏天，别看中午烈日炎炎，热得你没处藏躲，可入夜之后却寒气逼人，穿上棉大衣还照样打哆嗦。老乡们戏说：灰腾梁数伏天早上冻死一头牛，72 把刀子紧扒慢扒到晌午就臭了，比早穿棉袄午穿纱，抱着火炉子吃西瓜还厉害。这样的气候还只是每年的七八

两月，6 月天下雪根本不稀罕。这样的地方，当时除了军马场的职工以外，几乎没有什么人居住。

辉腾锡勒的情况引起了日本人的极大兴趣。他们刨根问底，大有恨不得马上就去实地考察一番的意思。回国后，他们又不断索要辉腾锡勒的有关资料，后来又派了两名人员来实地考察，几经磋商，中日儿童草原探险夏令营的营地终于定在了辉腾锡勒。

辉腾锡勒，一个名不见经传的地方，有幸见证了中日儿童草原探险夏令营的全过程，给我们留下了长远深邃的思考……

中日之间在夏令营究竟有没有较量，是后来孙云晓文章发表之后引发的争论之一，至今有人认为提出"较量"言过其实，火药味儿太浓。实际上，较量到处存在，它可以是有形的，但更多时候是无形的。从来没有人提出过中日双方要在夏令营中较量，也从

来没有在夏令营中组织比赛进行评比的设计，但毕竟双方的教育工作者和少年儿童走到了一起，有存在就会有竞争，就会有比较，自然也就形成了较量。

77 名日本孩子来到了内蒙古，与 30 名中国孩子一起走进了辉腾锡勒草原……

于是，出现了下面这样一些事实：

一位小学高年级的中国女孩刚走了几里路就病倒了，蜷缩成一团瑟瑟发抖，一见医生泪如滚珠。于是，她被送回大本营，躺在旗宾馆的席梦思床上，品尝着奶茶的清香，她惬意地笑了。

同样，一位矮小的日本男孩在路上也病倒了，腹痛如绞，脸色苍白，汗流如豆。但是，劝他放下背包他不放，让他坐车他不坐，他说："我是来锻炼的，当了逃兵是耻辱，怎么回去向教师和家长交代？我挺得住，我一定要走到底！"在医生的劝说下，他才在草地上仰面躺下，大口大口地喘息。只过了一会儿，他又起来继续前进了。

如果你是裁判，那么，这个回合的较量该怎样裁定输赢呢？

关于野炊，在食品的配备上有着统一的规定，大家的标准是一样的，但对于个人所带的零食，并没有做出严格的要求。因为日本的孩子远道而来，占便宜的是中国孩子，在从呼和浩特市出发前，他们可以随心所欲地使用人民币购买自己喜爱的小食品，何况还有家长在做后盾。行前，中日两国孩子的背包都是鼓鼓囊囊的，不过，中国孩子背包里的内容要更"实惠"一些。可惜，我们的孩子习惯边走边吃，"优势"也就很快丧失了。到了野炊的时间，日本孩子熟练地燃起篝火，做熟饭菜，在礼貌的谦让之后，便香甜地大口吃起来。中国的部分孩子可就惨了，生火笨手笨脚，做饭手足无措，饭菜的质量也就可想而知。更糟糕的是，还有些孩子只能饿着肚子，他们哭着向自己的领队诉说与"饿"的滋味打交道的委屈。善于动嘴而不善于动手的毛病中国孩子有没有，相信大家都心中有数。例如行进途中，随队的运输车陷在了泥坑里，许多许多人包括当地老乡都跑过去推车，可我们的"三道杠二道杠"们却只是站在一边高喊"加油！"

在咱们中国的草原上，日本孩子用过的杂物都用塑料袋装起来带走。当他们发现百灵鸟蛋，马上用小木棍围起来，提醒大家不要踩。可中国孩子却走了一路丢了一路东西，住在哪里乱在哪里。

到大本营集中的一天终于来到了。蓝天丽日之下，几路队伍缓缓地朝大本营走来。日本孩子的队伍依然很整齐，精神依然很饱满，个个脸上充满了胜利的喜悦。而我们中国孩子的队伍却稀稀拉拉，甚至有的孩子在拖着背包走路，疲惫不堪，满脸委屈。见到我们，很多孩子的第一句话是："哎呀，累死我了！"

为了使夏令营的篝火燃烧得更加旺盛，察右中旗团委的同志特意与大南沟林场联系，拉回满满一拖拉机树头子。枝枝权权的树头子堆在地上，足有一人多高。燃篝火的地点离堆放树头子的地点有几十米远，营部临时决定动员大家一起搬。集合的哨声响了，日本孩子的动作很快，中国孩子则慢慢腾腾。当老师宣布任务之后，日本孩子一片欢呼，而中国孩子大都表现出极不情愿的神色。搬运开始了，日本孩子连跑带颠儿，能一个人扛的绝不两个人抬，我们的孩子恰恰相反，几个人各用一只手捏着树枝"稳步前进"。日本孩子放下树头子，马上跑去再搬。我们的孩子（不是全体，但也绝不是少数）照常"四平八稳"，要经老师的再三鼓励、催促，诸如"大家加把劲，树头子已经不多了，最多再有一趟就搬完了。""看，

日本小朋友跑得多快，我们不能落下呀，要争气！"之类的话才肯动。树头子搬完了，日本孩子围着老师问还有没有要干的事情，我们的孩子却早已纷纷散去。值得一提的是，到了晚上篝火燃起的时候，我们中国孩子玩的热情丝毫不逊色于日本孩子。

如果你是裁判，那么，在听完上述情况后，又该怎样裁决孩子们这种不是"较量"的较量呢？

我们并不愿意处处指责我们中国孩子们的不是，应该说我们更加喜爱自己国家的孩子，况且，我们的孩子也有许多优点，他们之中的一些人表现得还相当优秀，助人为乐的、勇于吃苦的、爱护环境的、多才多艺的……但是，我们能漠视我们的孩子在整体素质上所表现出来的短板吗？

在世界性竞争日趋激烈的格局中，素质见输赢。

其实，较量不仅只在孩子们中间展开。

无论孩子们表现如何，责任在于教育者！

无论是面对孩子们灿烂的笑容，还是面对孩子们委屈的泪水，我们都应该深深地思考：我们给了孩子们些什么？我们又应该做些什么？

前面提到的在营地选择时日方工作人员高度的责任心、执着的敬业精神以及率先垂范、勤俭办事的态度都给中方留下了深刻的印象。

内蒙古少工委的领导陪同日方前导人员同赴内蒙古，在火车上，日方人员在硬卧车厢兴高采烈地吃着提前采购的方便面和其他快餐食品。他们不是花钱小气，而是花钱"仔细"。当他们第二次踏上内蒙古的土地，到察右中旗实地考察营地的时候，北疆已是冰封雪飘的时节。不难想象在零下20多摄氏度的低温天气里，乘着212吉普车在山沟和荒原上颠簸的情景，这已经不单是受罪的问题，而且还要冒着一定的危险。这次日方的两位工作人员同样非常认真，每一个细小的环节都没有放过。日本人很有意思，点头说"嘿"和鞠躬的频率非常之高，但你千万不要认为这种礼貌代表他们的首肯和顺从，他们在微笑的背后从来没有放弃自己的原则和立场。

还是讲一件小事吧……

日方提前开出的采购单非常详细，每个营员在远足中每天配备什么食品，什么原料列得清清楚楚，几个土豆，几个胡萝卜都有要求。其中他们要求要有葱头（即洋葱），但当时中方没有买到，就改成了别的蔬菜。中方认为没有必要将这件小事提前告知他们。到达察右中旗的那天，阴云密布，小雨霏霏，气温很低，不巧的是，由呼市到中旗的路有一段又被山洪冲垮了，耽误了预计到达的时间。阴天黑得早，最后一个组到达出发地的时候，已是夜色如墨。在夜雨中工作人员开始分配食品。这个队负责生活的工作人员是一位年青的日本女士，带着眼镜，身材瘦小，显得十分单薄。由于准备的食品非常充裕，我们的工作人员就有意识地数得不那么仔细，能多发就多发一些，但这位女士毫不领情，少了不行，多了不要，一边不停地擦着眼镜上的雨水，一边不停地核对分发。她发现没有葱头，就来交涉，翻译不在身边，中方人员怎么解释她也听不懂，只是不停地点头、鞠躬，执着地指着单子上写的葱头要求提供。冻饿了一天的人们渐渐失去了耐心，有人开始抱怨日本人较真儿，可也被深深地感动。要知道她不是在为自己争什么，她是在为孩子们而争，也许有的孩子并不爱吃葱头，也许她稍稍马虎一点随便问一下也算尽了心而自己又省了事，也许没有任何人去责备她……但她没有因此而放弃，她知道自己的责任，她说配备什么蔬菜是经过营养师核算过的，小孩子需要保证营养。很多人都忘不了在手电筒的光亮下、在丝丝夜雨中她那张苍白的脸和脸上执着、认真的表情。

这才是对孩子真正的爱护与负责。

孙云晓在文章中这样写到："出发之前，日本宫崎市议员乡田实先生驱车赶来，看望了两国的孩子。这时，他的孙子已经发高烧一天多，许多人以为他会将孙子接走。谁知，他只鼓励了孙子几句，便毫不犹豫地乘车离去。这让人想起昨天发生的一件事：当发现道路被洪水冲垮时，某地一位少工委干部马上把自己的孩子叫上车，风驰电掣般地冲出艰难地带。"

孙云晓的文章发表后，在内蒙古少工委反响很大，大家都在追问那位少工委干部是谁？凡是有自己子女参加夏令营的同志都纷纷解释说不是自己。其实，是谁并不重要，重要的是我们有没有这回事情，我们对孩子爱的方式正确与否？

背包，是每个营员必备的物品，由中日双方各自准备。我们给孩子们采购的背包够大，够漂亮，就是不够结实。走了没多远，背包带就相继断了，以致这成为某些孩子把断了带的背包扔在随行的车上以逃避负重锻炼的理由。假冒伪劣商品使我们在日本人面前丢了人，让孩子们抬不起头来。日本人敢于对孩子们放手，但他们也为孩子们想得很周到，准备得很细致。所有营员的帐篷都是由日方准备的。色彩艳丽的小帐篷非常轻巧、结实，扎起来用不了10分钟。帐篷是连体的，不用担心草地上的潮湿，门是有拉链的，里面还有采光、瞭望两用的小窗户。

睡袋也是由日方准备的，轻、薄、暖和，野宿方便而且舒适。日方野炊用的灵巧的小架子；一点就着的固体燃料；包裹土豆、香肠之类进行烧烤而决不会烤糊的锡纸；小巧实用的手电筒等，物质条件确实为我们所不及。把最好的东西给孩子，与让孩子到严酷的环境中接受锻炼并不相悖。

闭营式上，中日两国的孩子都已集合完毕，他们就要告别辉腾锡勒草原，一排汽车已经停在他们的背后，其中也有拉行李的卡车。这时，日本孩子把几十个崭新的白色提包集中起来，放在一处，我们的工作人员以为他们要装车，就要帮忙，但日本人不让，他们通过翻译告诉我们，说给我们添麻烦了，这些东西请我们处理。队伍出发后，中旗的工作人员打开一看，这些崭新的白色提包里装的全是他们的废弃物。日本人的环境保护意识让我们感到震惊。

这又算不算一种较量呢？

思考：实际上我们是在和自己较量

较量，并非只是表现在辉腾锡勒的草原上。

日本组织孩子到中国探险的活动得到了日本各界的广泛支持。政府和新闻机构、企业不仅提供赞助，政界要员和企业老板还纷纷送自己的孩子参加探险队。许多教授、工程师、医生、大学生、小学教师自愿参加服务工作。活动的发起者、该团体的创始人河边新一先生和他3个女儿都参加了探险队的工作。他们的夏令营向社会公开招生，每个报名的孩子需交折合7000元人民币的日元。一句话，日本人愿意花钱送孩子到国外历险受罪。

让我们来看看自己国家的情况。

这次夏令营的举办得到了国家宋庆龄基金会、全国少工委以及内蒙古团委、乌兰察布盟团委的重视和察右中旗旗委、政府的有力支持，工作人员做了大量艰苦细致的工作，旗教育局、团委、农牧局、公安局等部门全力协助，确保了夏令营的成功。

从北京选拔的营员来自三里屯第三小学，这是一所普通的小学，又是一所很有名的小学，有名是因为他们的教育质量和不断创新的教学手段，特别是他们有一个"摄影学校"的美称，这个学校的小摄影家多得很，摄影作品非常出色，曾多次得过大奖。

带队参加夏令营的是扬金华老师，他是一位优秀辅导员。同学们跟着杨老师走南闯北，到过新疆、海南、深圳、贵州、延安。无论要去哪里，杨老师可以说是一呼百应，甚至还有人要来"走后门"。可是，这次选拔营员却出现了例外，报名的人稀稀落落。

要知道，那时我们的孩子参加夏令营基本是不用自己掏钱的。孩子们的一切，从吃的到穿的、用的，组织者都想得很周到，周到得连背包都给准备好了，可我们的社会各个方面，包括家长所表现出来的热情却远远不如大海彼岸的那个岛国。

但是，我们的家长所表现出来的某种热情却又令日本人所不及，你看看家长给自己的孩子带了多少零花钱，有的千元都不止！可惜，在大草原上，有钱也花不出去。没本事该挨饿还得挨饿。

文中前面提到出发之前，日本宫崎市议员乡田实先生驱车赶来，看望了两国的孩子和他已经发高烧一天多的孙子，许多人以为他会将孙子接走，谁知他只是鼓励了孙子几句，便毫不犹豫地乘车离去。而我们的家长们呢，北京某些学生的家长差点追到车站把孩子拽回去。内蒙古的家长就更别提了，他们占据着地理优势，出发的那天，你看吧，家长送孩子有骑自行车的、骑摩托车的、坐小汽车的，好不热闹。千叮咛，万嘱咐，一百个不放心，都是"千万别饿着，千万别感冒，千万别出事"。孩子们走了，家长的心也悬了起来，天天有人往内蒙古少工委打电话询问情况，有的人甚至把电话打到了察右中旗团委，更有甚者，个别家长竟然追到了察右中旗。返回呼和浩特市的那天，家长们早早就来了，孩子们回来了，家长们纷纷迎上去，噙着热泪问长问短，有的家长热泪滂沱，要知道这只不过是仅仅分开了四五天而已。

这是不是也算一场无形的较量？

没有哪一次夏令营像中日儿童草原探险夏令营一样办得如此艰难，如此沉重，如此叫人回味……

在草原的闭营式上，日本的孩子列好队，每个人不知什么时候都把一个布条勒在额前，别小看这样一根小小的布条，它使平时温文尔雅的日本儿童改变了形象和气质，变得我们几乎都不认识了。

日方的议员即席讲话，他没有拿讲稿，但讲得十分流利，而且看得出来充满激情。在讲话行将结束的时候，他在大声问着什么，日本孩子在大声应和着。翻译说大意是老人问孩子们：中国的景色美不美？孩子们回答：美！他又问：你们还愿不愿意再来？孩子们回答：愿意！然后，他们又一齐转身，向着太阳升起的方向，垂头静默片刻，喊起了口号。很多人不懂日语，也不懂日本的礼节，却震惊于日本人从大人到孩子在那一瞬间所表现出来的气势，那是一种不容忽视的气势。

在这里讲这些，不是要为日本人唱赞歌，更无意对国人故意挑剔，有比较才有鉴别，落后就要挨打，这是已经被历史一再证明了的真理。

中国人不甘落后。新中国成立以来特别是改革开放以来中国日益强大，全世界有目共睹。可以说，现在没有谁敢藐视中国，包括日本在内。可是我们与世界发达国家相比，还是相对落后，因此我们正在团结奋斗。赶上甚至超过世界发达国家，不但是一个伟大的理想，更是一个必须实现的目标。否则，挨打的悲剧仍有可能重演！日本是中国的近邻，我们当然希望中日世世代代友好下去，

但日本当政者的所作所为，特别是在钓鱼岛问题上蛮横无理的嚣张和修改和平宪法的举动，有理由让我们保持警惕。要想不再重演历史的悲剧，不仅在于现实中的实际较量，也在于未来民族素质的塑造。在这一点上，中日双方都很清醒。

因此，素质教育的问题，就不能不成为公众特别是家长关注的热点。正如习近平总书记 2016 年 9 月 9 日在北京市八一学校考察时所指出的：中小学生是青少年的主体，是国家的未来和希望。中小学生要立志成才，必须勤奋学习、提高综合素质，努力做到修身立德、志存高远，勤学上进、追求卓越，强健体魄、健康身心，锤炼意志、砥砺坚韧。

切实抓好小学生的素质教育，我们责无旁贷，需要挑战自己，不断超越自己，就像穿衣服扣扣子一样，如果第一粒扣子扣错了，剩余的扣子都会扣错。人生的扣子从一开始就要扣好。

一切为了孩子，因为明天是属于他们的，希望寄托在他们身上。少年强则国强，我们不仅需要长久的记忆和深邃的思考，更需要与自己潜在的教育陋习较量，去赢得光辉灿烂的未来……

02 一个彰往察来的话题：
溺爱是拌在蜜糖里的砒霜

老北京有四九城，内外城都有城门，城门洞里大都刻有图案，如西直门走水车，就刻有水波纹；阜成门进煤车，就刻了朵梅花……唯有宣武门，刻了 3 个大字：后悔迟。

为什么？因为宣武门外就是菜市口，是行刑杀人的地方。

在西城区的中部，著名的牛街附近，有一条南北向的胡同，叫教子胡同，其实原名为"轿子胡同"。清朝末年，轿子胡同里住着母子二人。母亲姓王，丈夫重病去世，男孩叫小宝，长得精神，人又聪明，10 岁就处处争先要好。别看家里吃了上顿愁下顿，王氏对小宝却娇生惯养，倾其所有，可算是怀里抱着怕摔着，脑袋上顶着怕吓着，嘴里含着怕化了。要星星不敢给月亮，要月亮不敢给太阳。小宝要是想吃点什么，哪怕外头下刀子，王氏也会顶着铁锅出去买。

小宝长到了 12 岁，又淘气又不听话，脾气大，说翻儿就翻儿，动不动就摔东西胡闹。王氏从来都不急不恼，凡事都顺着哄着。王氏觉得树大自然直，长大了就好了。没想到小宝上学气先生、回家整街坊、结伴去打劫，结果出了人命，犯了死罪，上了刑场。

王氏赶到刑场，小宝张嘴咬下了母亲的耳朵，怪怨她耳朵软，没有从小严格管教自己。午时三刻，刽子手手起刀落，小宝人头落地。王氏懊悔不及，也触石而死。

人们见此惨境，无不感慨万分，遂将"轿子胡同"改为"教子胡同"，以警后人。

看看：家里面谁是爷爷，谁是孙子？

在中国，三世同堂的家庭里，孙子是最低的辈分。

北京话中，"孙子"一词不单指辈分，还有一种用法带有贬意，是大不敬的词儿。常听北京人说：这人真孙子，或自嘲累得跟孙子似的。

某小品里，溺爱孩子的爷爷被孙子支使得晕头转向，百依百从，最后慨叹道："咱们爷儿俩，到底谁是孙子？"无可奈何的笑声里，道出了一个令人辛酸而严峻的现实：在独生子女越来越多，生活水平不断提高的今天，我们的下一代在娇生惯养中不但肩不能挑担，手不能提篮，麦苗韭菜分不清，而且连长幼有序、孝老敬亲的传统美德也抛之脑后了。

家庭角色错位，很多孩子成为当代中国家庭中的"小太阳""小月亮""小皇帝""小祖宗"，要啥给啥，要啥有啥，唯己独尊，脾气大得惊人。

我们常常可以看到这样的情景：彪形大汉的父亲在不足一米高的孩子面前唯唯诺诺，表现出绝对的温柔和服从；聪明能干的母亲在任性而为的孩子面前百依百从，总是给予没有是非标准的夸奖和点赞。只要孩子要吃、要喝、要玩，一概满足。火车硬卧车厢里一位带着一个五六岁孩子的家长，笑眯眯地看着孩子上厕所、上过道、上中铺、上上铺，一通折腾，连喊带叫，闹得四邻不安，丝毫不加管教。后来孩子要上别的车厢、停车要到站台、到站台必定要买吃食……也是一概满足。没想到后来孩子竟然提出要到车头上去玩，显然，这是不可能达到的要求。于是孩子不依不饶，不屈不挠，连哭带闹，父亲的"哄"和母亲的"劝"全然不起作用，小家伙是软硬不吃，刀枪不入，直到深夜才哭累了睡去。家长的表现几乎引起了全车厢人的公愤，大家忍受不了的不仅是孩子的任性，更是家长无原则的迁就。但是，孩子的父母只是一脸苦笑，依然"耐心"，依然"温顺"。

我们知道，这样溺爱孩子的家长绝非少数，只不过是表现形式不同、程度不同罢了。

联想起各城市家长对孩子上下学的接送就更耐人寻味。学校的门口或少年宫、家、馆、站的门口，只要是上下学时间，肯定是挤得水泄不通，领着手步行的、骑着电动车的、驾着摩托车的、开着小汽车的……三六九等，各有其招，风雨无阻，寒冷不辍。其中不乏堂而皇之从单位请了假的家长和用各种借口从单位溜号的家长，而且接送的孩子并非低年级的学生。老师辛辛苦苦地整好队，一出校门就被家长们搅散了。同学们认认真真排好的队，只行进了几十米就被家长们冲散了。在保证人身安全的借口下，我们连路都舍不得让孩子们自己走，这不知应不应该算溺爱？

说起家长对孩子的溺爱，当教师的深有体会。

体育课上，同学们在做伸展动作时，甲同学不小心把乙同学的手背划了一道红痕，体育老师及时做了消毒处理。回教室后，班主任对甲同学进行了教育，并对乙同学进行了安抚，两个学生相安无事。晚上，班主任却接到了乙家长的电话，质问老师为何不把学生送医院诊治，将来留了疤怎么办？

家长之所以会打电话给班主任并提出质问，主要是心疼孩子，担心将来留疤只是个说法，实质上是溺爱引起的心理失衡。如果家长坚持送孩子去医院，仅一道红痕医生又能怎样处置？独生子女多，家长娇惯溺爱已成为普遍现象，小题大做尽管只是极少数家长所为，但对孩子的过分呵护却是不少家长的通病。

两个学生的家长找到班主任，一方说："他的孩子威胁我的孩子，管我的孩子要钱，应当严惩。"另一方说："小学生能犯什么大错，学生之间的事大人最好少管。"两人吵得一塌糊涂。

家长因为孩子发生冲突，在校园内外、邻里之间都不稀罕，根源在于教育观念。孩子们之间发生摩擦是常有的事，这是他们成长中的必经环节。矛盾不能回避，关键是家长应该以怎样的心态看待和干预，帮助孩子们更好地成长。家长中一方"维权"意识很强，觉得对方侵害了自己孩子的合法权益，对孩子造成了危害，应当严惩；另一方对孩子非常"宽容"，觉得小孩子间没什么大事，不必小题大做。

维护孩子的正当权益是正确的，谁也不希望孩子受到伤害，但是，维权首先要弄清动机、分清对象，孩子之间的生活往往不能简单地用成人社会的标准去衡量和裁夺，对问题学生要批评，但如何教育，需要讲究方法和度的把握。另一方面，家长关心孩子可以理解，但是孩子正处于成长、锻炼的阶段，不能凡事都由家长"代劳"，有些时候家长要适当地退出来，鼓励自己的孩子勇敢面对挑战，把处理问题、历练成长的机会交回孩子手中，勇敢地维护自己的权益，这样做反而再也不会受到"威胁"。持"宽容"态度的家长要懂得，虽然孩子犯错难以避免，但防微杜渐、严格要求是家长的本分，更是责任。孩子有欺负别人的苗头，不能视而不见，更不能放任不管，要理性地查找问题的根结，妥善处理，尽可能地挽回影响。家长要以身作则，做出榜样，这既是对自己的孩子负责，也是对他人孩子的尊重。

小虎在学校上课走神，下课欺负同学，班主任老师希望能得到家长的配合，于是给家长打电话。结果，老师反映一个问题，小虎的妈妈就找一个理由辩护。谈到最后，小虎的妈妈说："老师，小虎身上的长处您还要多发掘，他最爱听表扬！"

这样的家长俗称"护犊子"。家长要认识到溺爱的害处，很多这方面的故事在警示我们：很久以前，一位母亲十分溺爱自己的儿子，包括对孩子恶行的娇纵。孩子长大后，恶习不改，终因抢劫杀人而犯了死罪。母亲悲痛欲绝。在走向刑场的时候，他提出要再见一见自己的母亲，要再吸吮一下母亲的乳房。母亲把他搂在怀里，满足了儿子最后的请求。孩子却一口咬掉了母亲的乳头，母亲痛得昏了过去。儿子流着悔恨的泪说：假如我小时候第一次偷人家的东西你打我一顿的话，我也不至于落到今天的下场呀！妈妈，是你害了我呀！

这个故事很凄惨，也很发人深思，它说明了一个人人都知道的真理：严是爱，松是害！家长管的方式不对，叫作娇惯，管得力度不够，叫作放纵，还有死要面子的虚荣心和家丑不可外扬的传统陋习，综合起来，便形成了畸形的爱——对孩子的溺爱！

父母作为孩子人生的第一位老师，最重要的是教给孩子如何做人！

对孩子尤其是独生子女的溺爱百害而无一利。自从实行计划生育的基本国策以来，我国的人口自然增长率从 1974 年开始下降。1989 年全国城市有 43.4% 的家庭已是独生子女家庭。虽然目前政府放开了二胎，但生育和养育成本过高等因素仍然会继续导致独生子女家庭大量涌现。

独生子女的大量出现，使得现代家庭人口的结构比例呈现出 4：2：1 的倒金字塔形。尤其是男孩单传的家庭，"千顷地一棵苗"，孩子更是宝贝疙瘩。爷爷奶奶姥爷姥姥的疼爱，只会比父母更甚，两代人争先恐后对独生子女的关爱，形成了溺爱的主要动力。

国家经济的高速发展，人民生活水平的迅速提高，为溺爱子女提供了物质保证，再加上"再穷也不能穷孩子"的传统心理等因素……综合起来就形成了家庭溺爱儿童的不良教育。

当溺爱孩子已经不是个别社会现象的时候，真不敢想象溺爱孩子的苦果还将有多少人会尝到。

我们都应该记住：

爱是伟大的，也是明确的、完整的。

溺爱虽然也是爱，但它是畸形的、残缺的。

未来需要爱心造就，然而，有些"爱心"也会葬送未来。

溺爱极易引发孩子偏执、任性、孤僻、贪图享受、患得患失的个性，很容易把孩子引入歧途。

溺爱是拌在蜜糖里的砒霜！

想想：教子胡同的故事为什么流传至今

从古到今，类似教子胡同的故事在我国有很多。大家都知道溺爱孩子并不是一件好事，都在奉劝天下的父母不要溺爱孩子，而且绝大多数父母都知道这个道理。为什么溺爱还会泛滥成灾、绵延不绝呢？

我们认为主要原因有四：

一是父母愿望的不正常心理的补偿导致溺爱。现在的父母经常感叹："我小时候没有得到过的，一定不能让我的孩子再得不到。"于是，一股脑儿地、近乎失去理智地去溺爱孩子。那是因为改革开放前，我们的物质生活十分匮乏，而且每个家庭一般都是多子女，孩子得到的物质关爱相对少。现在，物质条件相对丰富，家长在孩提时代未被满足过的愿望被激发唤起，而且因为现在的家庭普遍是独生子女，于是至少父母两个人的物质愿望被投射到一个孩子身上，很容易导致溺爱。

二是隔代抚养导致溺爱。我们的家庭往往是"四二一"结构，爷爷奶奶、外公外婆对自己的孙辈格外疼爱，甚至超过自己的儿女。"子不教，父之过"，所以做父母的就算想宠爱孩子，也要懂得适度收敛，否则一旦惯坏孩子得为此负责。但是，爷爷奶奶或外公外婆较少有这层顾虑。例如母亲为帮助儿子改掉马虎的习惯，要求他每天把家庭作业记下来，回家做完后再仔细检查一遍。可孩子嫌烦，奶奶看在眼里疼在心里，经常悄悄帮孙子改正错题，甚至代做作业。孩子省心了，可毛病未改，到了考试时成绩不佳，结果母亲发火、奶奶落埋怨。在隔代抚养中，爷爷奶奶或外公外婆最怕孙辈出安全问题，一旦出现问题就会觉得对不住儿女，同时老人自己开始越来越多地面对死亡问题，会将心中的这种恐惧投射到孙辈身上。例如孩子怕黑，不愿意一个人睡，妈妈想培养女儿的独立习惯，坚持让孩子一个人睡，但奶奶经不住孙女的恳求主动陪孙女睡。爸爸妈妈不愿意得罪老人，只好迁就，逃避了教育责任。表面上看，是奶奶在满足孙女的需要，而实际上是孙女在满足奶奶内心的需要。

三是争宠导致溺爱。以前的家庭中孩子多，所以一般都是孩子要争得长辈的爱。但现在情况不同了，在"四二一"的家庭中，爷爷奶奶、外公外婆和爸爸妈妈6个人的爱都投入到一个孩子身上。并且，为了让孩子更在乎自己的爱，这6个人会出现竞争的格局，大家都争着向孩子表达爱，甚至唯恐被其他人压过。父母要负责任，所以会控制自己的争宠心理，但老人们就容易失去控制。家长争宠的目的是让孩子高兴，而不是让孩子成长。因此，我们经常可以看到家里三代同堂的时候，每当父母对孩子的错误行为进行教育时，爷爷奶奶外公外婆总免不了在旁边插话，横加干涉，譬如"孩子还小，不懂事""你小时候我都没这样对过你""乖，待会儿我给你买好吃的，气死你妈妈"。不仅如此，爷爷奶奶（外公外婆）打电话时，总是先问孙子孙女（外孙外孙女），爸爸妈妈有没有难为她，如果有的话，他们会答应给孙子孙女（外孙外孙女）出气。人老了自己也会变成小孩，这是因为他们发现自己说了算的地方越来越少，结果他们容易变得和孩子一样固执和任性，总需要儿女们的安抚和说服。这种变化被老人投射到孙辈身上，就会无限度地溺爱，一切以孩子的快乐为标准，从不指责孩子的过错。还有就是补偿心理作祟。过去在教育儿女的时候，老人们曾经苛刻过，埋下了一些内疚，有了孙辈后就特别溺爱，内心深处想借此补偿一下儿女。此外，在传宗接代方面，自己和儿女们负担的责任都已完成，该孙辈们承担责任了，所以老人们会对孙辈特别疼爱。中华民族特别讲孝道，所以孩子的爸爸妈妈往往会顺着老人的意愿去做，不愿意挑战老人失去理性的溺爱，这进一步加剧了溺爱的程度。

四是早期教育缺乏有效对策导致溺爱。当一个小小的生命交到父母手上，软软的肉感会让家长体会到生命的脆弱，无法推脱地担负起养育小小生命的责任。没有责任就没有溺爱，但责任只是溺爱的起源，并不是必然。婴儿不会说话不会走路的时期，小小生命和家长的交流，主要建立在哭声上。最初，哭声的意义比较简单，就是饿了要吃的。逐步地，哭声的内容开始丰富起来，除了吃以外，还会表达其他很多的意思，诸如尿尿、臭臭、要抱、怕生、要玩等，当然，除了哭以外，还有笑与话。笑比较容易理解，可话就不好把握了，孩子的一通话，家长得仔细琢磨琢磨。逐步地，孩子还会配合一些动作来和家长沟通，同时，也慢慢能明白大人的很多心思，听得懂家长说的很多话。最明显的就是"宝贝，把东西分给爸爸吃点"，小不点就会马上从嘴中把东西拿出来喂给你。这一时期，孩子会经常做些危险的事或大人认为不好的事，而且还挺会察言观色的，比如撕纸撕东西、什么东西都往嘴里放、喜欢玩拖鞋、会去抓电线、开始乱丢东西、喜欢看电视、要爬向一切能爬到的地方、尝试接触一切周边能接触到的东西、

越是你不希望的越是想做……这一时期是溺爱的分水岭，大多数父母抵挡不住内心的关爱而走向溺爱。"骂在口中，疼在心里。"孩子虽然不会说话，但已经能基本明白大人的意思，家长在进行教育时，孩子委屈的眼神、委屈的表情，让家长体会到了什么叫作两难，从而走向屈服和纵容。

由此看来，想不溺爱不容易，溺爱不是一天形成的，当溺爱成为习惯，就已经不是观点对错的争论了，而演变成了观点与习惯的对抗。所以，对付溺爱最好的办法就是拒绝形成习惯。也就是在溺爱的形成期，正确地处理对孩子的关爱。否则一旦形成习惯，孩子的性格日渐定型，再想纠正就很难了。

做做：严是爱，松是害

我们知道了溺爱的危害，当然要懂得避免的方法。

首先，不要让孩子在家庭中的地位高人一等，处处特殊照顾，如吃"独食"，好的食品放在他面前供他一人享用；做"独生"，爷爷奶奶可以不过生日，孩子过生日得买

大蛋糕。坚持长幼有序，就可以让孩子从小懂得自己应该处在什么位置上，应该享受什么待遇。例如吃饭就座老人为先，早上起床向家长问好，提出要求要说"请"，等等。

千万不要无节制地给孩子钱。

孩子有钱不是好事，往往有钱也花不到正道上。

成都某小学流行"办公司"，有钱的学生做"经理"，出钱聘请成绩优秀的女生做"秘书"；身强力壮的男生做"保镖"或"出租车"。"秘书"的职责是帮助"经理"做作业；"保镖"的工作是保护"经理"的安全，或者是去教训"经理"看不顺眼的同学；"出租车"就是每天将"经理"从校门口背到教室。当然，"经理"每星期要付给这些同学一定的"周薪"。

这种现象说明了什么？

不能孩子要什么就给什么，特别是零花钱要节制，避免孩子养成不珍惜物品、讲究物质享受、浪费金钱和不体贴他人的坏毛病。当孩子提出无理要求时，我们的父母可以采取"冷却三分钟"的办法。坚持在这三分钟里对孩子的行为不看、不说、不理。在孩子情绪稳定下来后，要耐心讲道理，最好是用既生动又富有教育意义的小故事予以开导。要让孩子明白有要求很正常，但要分清对与错，合理的要求可以得到支持和满足，无理要求家长是不能答应的。

有的孩子饮食起居、玩耍学习没有规律，想怎样就怎样，经常早上赖床，不好好吃饭，上课精力不集中等。这样的孩子长大后容易缺乏上进心，做人得过且过，做事有始无终。教育不能光说不练，要利用一切场合和机会进行有意识的培养，在习惯养成上下功夫。例如帮助孩子制定科学的作息时间表，督促孩子吃饭睡觉要准时，做事情要善始善终，聚精会神。

由于家长的溺爱，已经上了学的孩子还不做任何家务事，不懂得劳动的愉快和帮助父母减轻负担的责任，这样下去，必然失去一个勤劳、善良、富有同情心的能干、上进的孩子。家长不能养成孩子的依赖性，不要处处事事包办和代替。要放开束缚孩子的手，自己能做的事情自己做，家里能做的事情主动做，学校能做的事情抢着做，让他有能力依靠自己健康地成长。

　　小孩本来是"初生牛犊不怕虎"，不怕水、不怕黑、不怕摔跤、不怕病痛。摔跤以后往往自己不声不响地爬起来继续玩。后来为什么有的孩子胆小了呢？那往往是家长造成的，吓唬孩子、在孩子有挫折时表现得惊慌失措，结果造成了孩子不敢离开父母一步的依赖心理，从小在心里打下懦弱的烙印。孩子是父母的希望，家长对孩子悉心呵护是无可厚非的，但要把握好"度"。要鼓励孩子大胆接触客观事物，懂得一些浅显的科学道理，并且掌握一些自我保护的方法。

　　有时爸爸管孩子，妈妈护着："不要太严了，他还小呢。"溺爱孩子，往往母亲甚于父亲。安徽医科大学儿童医学专家唐久来等经过近十年的努力，采用国内外先进的儿童智力研究方法，对400多名儿童进行长期跟踪调查研究，并对影响儿童智商的环境因素进行全面分析，最终得出"母亲对儿童智商及后天智力开发影响大于父亲"的结论。据介绍，

在影响儿童的智商的遗传与后天智力开发与环境两个方面，中外专家得出基本一致的结论：即遗传因素占61%，后天智力开发与环境因素占39%。父母与子女智商相关系数都很大。专家组在进一步研究中发现，在遗传方面，对中国儿童智商的影响，母亲方面与父亲方面比较约为5：4。在父母对儿童智商后天开发与影响方面，母亲的因素也明显高于父亲。专家们把儿童出生后对智商影响的最大的23个因素进行定量和定性研究，结果发现，居于第一位的是家庭教育，其次就是母亲的文化程度。而在家庭教育这一最重要的因素中，母亲的作用占主导地位。其他影响儿童后天智商开发的是胎教、父亲的文化素质、怀孕月份、家庭类型等。为此，专家指出：女性提高自身科学文化素养是优生优育最为重要的因素。

　　儿童智力的成长母教胜于父教，那么在非智力因素的影响和形成上母亲又扮演着什么角色呢？

　　毋庸讳言，在现代家庭中，财政支出的大权一般是操控在母亲的手中，日常家务的决定权也掌握在母亲的手中，母亲对自己孩子的了解多于父亲和其他家庭成员，很多在父亲那里得不到满足的要求（这种要求往往是不合理的、不必要的居多）在母亲那里就比较容易得到满足，尤其是孩子在巧妙地施加撒娇、哭闹、撒泼、拒食等"策略"之后。

因此，家长要学会向孩子的无理要求说"不"，尤其是母亲！

深思啊，值得尊敬的母亲！

让我们再来读一封家长来信，这封信是写给全社会的：

上小学一年级的儿子很辛苦。星期天宣布带儿子出去玩，儿子高兴得跳起来。可是到了楼下，他却不走了，原因是我的车被朋友开走了——没有小汽车，坐公交车尽管很方便，但他坚决不跟我走！结果只好坐出租车，司机只用了不到 5 分钟就将我的小皇帝拉到了目的地。

一下车，儿子就要进商场，直奔卖玩具的那层楼，瞬间就淹没在五彩缤纷的玩具世界里，所有的玩具全摸了一遍。吃饭时间到了，儿子肚子在咕咕叫，但就不愿挪步，他悄悄地贴在妈妈的耳朵上说他想要那辆能遥控的太空车，实际上家里的小汽车已经可以编一个庞大的汽车队了，可为了不扫他的兴，还是为他又买了一辆，尽管我知道，两天之后，这辆几百元的汽车定会体无完肤大卸八块被他扔进角落。

通常一出商场就是麦当劳，可孩子一反常态，说什么也不愿进去。原来他嫌麦当劳"没什么可吃的"，要去漂亮的大饭店吃海鲜。

终于来到长安街一座巍峨壮观的大饭店，我们找了一个小台坐下，儿子却不以为然：怎么不去单间？好在单间不另加服务费，也无最低消费，就让服务员找了一个单间。服务员递上菜单，儿子一把夺过，他要点菜，且十分老练，他喜欢那些海鲜的美味。

吃完饭买单时，他又问："怎么没有果盘？"回家时，依然是乘出租车，到了家门口，儿子却不愿下车，问为何不愿下车，他做了一个动作，说了一句谁也想不到的话："怎么没有人帮我开车门？为什么没有人把手挡在车门上？大饭店都是这样的！"

我的心里咯噔了一下，有句话在我的耳边响起："惯子不孝，肥田收瘪稻"！

我在想：是我们还是现在的孩子不正常？

全国少代会的少先队员代表被赋予小主人的地位和待遇，他们来北京开会，住高级宾馆，伙食标准高，饭后有水果，车队出去畅通无阻……可到一些小代表住的房间看看，有的床上的被子自己不叠，手头的杂物懒得收拾，咬了一两口的水果随便乱扔，衣物杂物到处都是，屋子里乱七八糟，事事都喊服务员。服务员反映，这些孩子除了嘴甜有礼貌还真难伺候。在党和国家领导人面前，在众多新闻媒介面前，在庄严的会议室里，这些侃侃而谈的时代宠儿为什么会这样言行不一，眼高手低，任意挥霍，肆意浪费？教育孩子是一项长期而艰苦的事情，要有长期的计划和短期的安排，同时，还要注意全社会和谐一致，形成教育合力。

"静以修身，俭以养德"是古训，也是真理。"历览前贤国与家，成由勤俭败由奢。"王豫说：成德每在困穷，败身多因得志。我们在把最好的东西给孩子的同时，想没想过下面诗歌的忠告：

娇溺儿孙掌上珍，奢华从来误后人。

劝君爱子须谨慎，可怜天下父母心。

03 一个值得质疑的话题：真的是不打不成才吗

中国是一个有着长达几千年封建社会历史的国家。

"三纲五常"作为封建社会伦理关系的精神支柱，曾为维护封建统治起到了巨大的作用。天地君亲师，"天地"是神明，"君"即皇帝早已成为历史，唯独"亲"与"师"是世代传承活生生的人，在现实生活中对孩子们来说具有无上权威的地位。其中，父为子纲，最为中国老百姓所称道。家长作风也从家庭走向社会，被理解为独断专行、嚣张跋扈、刚愎自用、蛮不讲理。

现代的"父为子纲"，并不专指父亲，在更大的程度上，应该是"母为子纲"或"父母为纲"。

父母之爱走向极端，一头是无原则的溺爱，而另一头则是无商量的施暴。因为，很多父母都还深信着另外一条"真理"——棍棒底下出孝子！

误区：不打不成才

我们先来看一篇作文，题目叫《家长会后》，是一位小学六年级的学生写的：

今天的学校和往常有点不同，下午3点左右，校园中不时有家长晃动的身影，像在赴一个重要的约会，每位家长神色都庄重严肃，脚步匆匆，向我们六年级教学楼走来。今天，我们六年级要开家长会。

进入六年级后，也许是还没找到感觉，我上课经常走神，被老师提问到时，要么不知所问，要么耷拉着脑袋，成绩也忽上忽下，我的大名一再被老师挂在嘴边。家长会，家长会，几家欢喜，几家愁呀，我是只有忧愁没有欢喜。南无阿弥陀佛，保佑我吧！

近了，近了，看见我家的大门了，以往回家时的温馨、甜蜜现在竟被忐忑不安所占据，等待我的将是什么呀！我仿佛看见爸爸怒气冲天的脸，妈妈那足以看得我心里发毛的目光……可是是福不是祸，是祸躲不过。我终究得面对他们呀，总不能一辈子在外面吧，一切听从老天的安排吧。

来到家门口，门像往常一样虚掩着，侧耳听了又听，眯缝着眼瞅了又瞅，没动静？！心中一阵窃喜，还好还好，没在门口"恭候"，不会是暴风雨前的宁静吧？想到这儿，我不由心跳加快。观音菩萨，玉皇大帝，如来佛祖，快来保佑我吧！保佑我平安渡过这一劫吧！阿门！

硬着头皮推开虚掩着的门，蹑手蹑脚跨进门，咋那么别扭，进自个儿的家竟像小偷似的。客厅里传来电视的声音，现在可是播放儿童节目的黄金时间，唉，别想了，现在去客厅岂不是自投罗网，我惹不起还躲不起吗？

我猫着腰、踮着脚尖走到楼上书房，打开书包，取出数学作业本。尺，打线的尺呢？书包翻了个底朝天也找不到它！真是祸不单行呀，老天，怎么会这样！？老师一向很严格，记分格，本子中的三条直线，一定、绝对要用直尺画，线稍有点不直便会"家法伺候"，要想用其他工具代替那是绝对行不通的。

看来要来的终究要来，我躲过了初一躲不过十五呀，没办法只好硬着头皮战战兢兢来到楼下："妈，我尺没了。"她瞅着我，冷冷的脸上写着"山雨欲来风满楼"，她就这样一句话也不说，只是用那种目光瞪着我，看得我心里直发毛。我想逃，但脚不听使唤；我想为自己再辩解，但刚张嘴想说，她就向我投来多枚"重磅炸弹"，"这次考试怎么只有这么一丁点分数，白把你养大了……""炸"得我是晕头转向，千不该万不该，不该在这个雷雨季节跟她提什么买尺子。好不容易熬过了老妈这一劫，爸爸又气势汹汹地杀将过来了，说什么他的脸都被我丢尽了，怎么会养出我这么一个没出息的儿子……就这样，他们对我进行"轮流轰炸"，只听见他们一阵高过一阵的训斥，一声又一声对我的失望、否定……而可怜的我，只能可怜地听着，站着……

啊，家长会，你怎么这么招人恨？！

大家来琢磨琢磨：有些孩子怕家长会怕的是什么？他们为什么怕老师把真实情况反

馈给家长？一个重要原因是家长知道了会发雷霆之怒，恶语相向，甚至拳脚相加，施以暴力，还美其名曰：不打不成才！

真的是不打不成才吗？

"虎妈""狼爸"是严厉家长的代名词，主张对孩子不打不成才，代表了中国家庭教育文化的一种传统。有一对香港籍夫妇，家中一儿三女都在国内接受教育。据媒体报道，父亲用体罚教育后代，结果 4 个孩子 3 个进了北大，这似乎成为"不打不成才"的教育典范。

一位"虎妈"说，她给孩子报了英语、奥数、钢琴、绘画等兴趣班，如果孩子表示不愿意去必定就是一顿打。她认为这是为孩子的将来着想，现在孩子年纪小、自控能力差，家长就要定好规矩，不严格要求将来怎么参与激烈的社会竞争？

有的家长表示，孩子小时候如果做错事，适当的打一打还是有必要的，可以树立家长威信，但是必须适度，否则孩子就会在成长过程中留下阴影。

更多的家长反对上述说法，认为棍棒教育只能适得其反。家长应该注重孩子的兴趣，如果单靠棍棒教育，孩子完全同社会脱节，变成读书的机器，这种管教方式下的孩子即使能成才，就算进了北大，也是个性格不健全的人，更谈不上为社会做贡献了。

这里有一份很有意思的调查分析，题目叫作《不受孩子欢迎的五类问题妈妈》。

第一类："无能妈妈"不受欢迎。孩子喜欢唱歌、跳舞、绘画、剪纸、捏泥巴，可是妈妈都不会。妈妈早出晚归，对孩子的兴趣爱好根本不感兴趣。其实，孩子很希望妈妈能够陪自己一起玩。有的妈妈对孩子的提问从来不热情回答，还责备孩子的问题很奇怪，说小孩子的话为什么这么多。孩子的好奇心和求知欲都很强，他们想从妈妈那里了解很多事情，以满足自己的好奇心和求知欲。可如果妈妈总是一问三不知，便会使孩子感到失望。同时对孩子的语言能力发展也不利。

第二类："电视妈妈"冷淡孩子。有的孩子反映，妈妈一有空总坐在电视机前，对于电视连续剧是一集不落，而把孩子丢在一旁。妈妈把电视节目看得比孩子重要。如果妈妈一直与电视机为伍，就会缺乏和孩子一起做游戏、看书和带孩子到大自然中开展亲子活动的机会。这不仅会失去许多和孩子沟通的机会，而且也影响孩子，使得他不善于和人交流、沟通，严重的话，自闭症和孤独症等一系列疾病也可能产生。

第三类："苛刻妈妈"束缚孩子。有的孩子很苦恼，妈妈总是对自己不满意，一心想把孩子当成一个"全能小神童"，钢琴、舞蹈、美术、体操和电脑，尽管孩子学了很多，可是她还总觉得这没做好，那没学好。孩子一般都不喜欢过于苛刻的妈妈，这样的妈妈对孩子过于严厉，而且总是说"不"。孩子经常处于一种不自由、被束缚的状态。

第四类："攀比妈妈"让人厌烦。有的孩子的妈妈总是抱怨："你看某某多能干，你再看看你自己。"在大家面前，妈妈总喜欢把自己的孩子和别的孩子相比，不是说自己的孩子不好，就是表扬同事或者邻居的孩子比自己的孩子强。其实，孩子觉得自己做得并不差。求全责备使得孩子不服气，甚至反感。这样的做法对孩子的独特个性和自信心的形成非常不利。

第五类："谦虚妈妈"压抑孩子。在客人面前，妈妈总当着他人的面说自己的孩子笨，做什么也做不好。在外人面前，孩子往往比较兴奋，喜欢表现，同时也不免出现一些小差错，这是正常的。可是妈妈却认为孩子的"人来疯"让家长丢面子，或者为了显示自己教子有方，当着众人的面指责孩子。妈妈应该认识到每个孩子都有独特的能力和兴趣，绝不能按照同一个标准要求他们。应该让孩子成为他自己，帮助他一起开发潜能。

妈妈如果有时间的话，应该多和孩子一起活动。儿童天性喜欢无拘无束、自由自在，谁剥夺了他们这种基本需要，必然不受欢迎。家长切记不要过分唠叨和干预孩子，要大胆放手，给他适当的自由和放纵。

一些教育工作者表示，对于孩子要因材施教，适当的惩罚是需要的，但未必是体罚。比如孩子做错了事可以减少孩子玩乐的时间、扣掉一定比例的零用钱。一味的体罚可能在短期内能达到一定的效果。比如像"虎妈""狼爸"教育出的孩子都进了名校，成果是显性的，但是这种行为对孩子个性上的影响却是隐性的。国内的教育往往是粗放式的，目前国内并没有对"狼爸"或者类似"狼

爸"的教育行为做过系统的追踪，而国外则会相对比较严谨，很多机构都会对其进行长达 10 年、20 年甚至 30 年的追踪，得出比较科学的结论。一味的体罚也很容易让孩子产生暴力倾向，让孩子误以为暴力是解决问题的终极方式，这对孩子的身心健康、未来成长是不利的。

效果：事倍功半与事半功倍

望子成龙是现在每个家长的愿望。有这样一位母亲张某，为了使年仅 8 岁的女儿有一个美好的未来，竟采用暴打的手段想使孩子成才。张某自己年轻时没有条件受到良好的教育，于是，32 岁才得女的她便把一切希望都寄托在孩子身上。从女儿小蕙降生那天起，她就开始阅读有关婴幼儿教育的书籍，为女儿制订学习计划，对女儿的成长寄予厚望。

张某认为，漂亮的脸蛋、优雅的气质和良好的素质对女孩非常重要。她希望女儿琴棋书画样样都拿得起来，成为一个人见人爱的充满浪漫气质的女孩。在这种思想的指导下，张某领着女儿一步步地向目标迈进。

小蕙 3 岁开始学绘画，4 岁半开始学芭蕾，5 岁开始学电子琴、学滑旱冰，6 岁上学以后，又加上了奥数和剑桥英语。张某对女儿的要求十分严格。每天放学后，小蕙由姥姥接回家，在曾经是大学教师的姥姥的指导下，进行奥数习题训练和剑桥英语的学习。晚上做完作业后，练琴一小时左右；临睡前，躺在被窝里的小蕙还要被妈妈考考语文生字、词语。

周末，小蕙的日程也排得满满的。周六上午奥数 3 小时，下午芭蕾 3 小时；周日上午电子琴一小时，下午是难得的空闲时间。张某有时也会带女儿上公园玩玩，但即使在玩的过程中，她也会让女儿练习英语会话，回家后还要让女儿写作文、写日记。

让一个刚刚 8 岁的孩子学习这么多东西，有必要吗？这么多知识孩子接受得了吗？

张某认为，孩子太小，没有自觉学习的习惯，家长必须加以引导和监督，否则任其疯玩，只能荒废了童年，长大后会一无所获。孩子的可塑性强，记忆力好，其体能完全能够承受现在的学习。现在孩子学的这些东西，都是张某年轻时想学而没条件学的。有人认为她这是把自己的愿望强加给孩子，是补偿心理在作祟。她承认，有那么点意思，但又不全是，毕竟这些学习对培养孩子的学习能力和勤奋好学、坚忍不拔的意志是大有益处的。

为了能使孩子拥有一个出人头地的未来，张某不但在学习任务上给孩子施压，而且在手段上采取了暴打这一过激的方式，因为她认为"原则问题"决不能姑息。什么是她认为的原则问题呢？一次，由于考试成绩不够理想，小蕙曾经对妈妈撒过谎。当时，妈妈严厉地警告她："事不过三，第三次决不轻饶。"不幸的是，第三次很快就出现了。2015年9月的一天，小蕙放学回家，妈妈问她这几天考试了没有，小蕙"坦然"地说没考过。当妈妈翻她的书包时，却意外地发现了一份语文测验试卷，成绩是85分。见小蕙还在撒谎，性急的张某火冒三丈，一把将小蕙按倒在床上，反剪她的双手，扒下她的裤子，使劲打她的屁股。手打疼了，张某还不解气，又用扫床笤帚的竹把儿打，一下、两下、三下……直打得自己手酸臂麻才住了手。第二天，小蕙的屁股红紫一片，肿得高高的。

在张某看来，撒谎属于品质问题，在这种"原则问题"上决不能迁就、姑息。一顿暴打只是为了令女儿深刻印象，让她记住这个教训。张某说："我总是希望她爸爸能树立起严父的威严形象，可他始终不'觉悟'，让他打他也不打，或者象征性地高抬手、轻轻落。没办法，我只好牺牲自己的形象，自己上了。"

张某绝对是个严厉的母亲，许多一般人眼里的小事，到了她那里就变成了"大事"，非跟女儿"较真"不可。

一天晚上，为了头天晚上谁收拾的书包，少放了一个本子这件事，母女俩争吵不休。妈妈更是气急败坏，指着女儿，骂她"卑鄙"，骂她"坏"。张某认定明明是小蕙自己收拾的书包，她却张口就推卸责任，敢做不敢当，这也是"品质"问题。对这样的问题也不能放过。

事情果真如张某所想的那么严重吗？未必。张某多少有些小题大做。无论女儿是否又撒了谎，是否推卸责任，作为母亲，都不应该用"卑鄙"这样的字眼去骂孩子。试想，当孩子明白"卑鄙"的含义时，她该如何看待母爱，如何以健康、自信的心态走向社会？

张某暴打女儿、怒斥女儿的行为经常遭到同事和朋友们的"抨击"，同事们认为她对孩子的要求过于苛刻，超出了孩子的心理承受能力。对此，张某不以为然，她认为，不少名人，有出息的人都是父母打出来的。打骂只能让她长记性，激发她改正错误。

如此苛刻的教育方式对于一个 8 岁的孩子来说是否太沉重？每天生活在重压之下，孩子还有快乐吗？对此张某有她的"高见"：有没有童年的回忆并不重要，当孩子在青年时代比同龄人优秀时，她会觉得她失去欢乐的童年是值得的，并会因为童年时代为自己积累了知识、培养了能力而庆幸、而自豪，甚至还会感激母亲在她童年时期对她的培养。

但是，丈夫和女儿却有自己的想法。

张某一家是典型的工薪阶层家庭：她在一家制药厂做党务工作，而丈夫是某大学电教中心的老师，家庭经济状况一般。但是，女儿小蕙每月的各种学习费用加起来却有数百元之多。为了女儿的学习，他们总是紧缩自己的开支，全力供给女儿的学习需要。看芭蕾舞演出，票价昂贵，夫妻俩就买一张票，让女儿自己进去看；女儿吃麦当劳，夫妻俩却舍不得吃；女儿练滑冰，350 元的滑冰鞋他们毫不犹豫地就给买了回来，而 20 元一张的滑冰门票，爱滑冰的父亲却舍不得给自己也买一张。

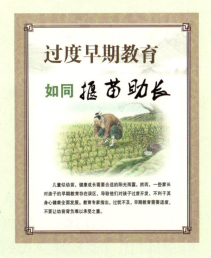

父亲说："我和张某在教育女儿的目标上是一致的，但方法上有分歧。张某认为女儿在'原则问题'上犯错就得打，有时还要暴打；我却觉得，在女儿面前没有原则问题，许多事情等她长到一定年龄就会自然而然地懂了。即使孩子现在有撒谎的毛病，做父母的也应该探究她内心的想法，进行说服教育，而不能靠打去解决问题。反正让我打孩子，我下不了手。"

年仅 8 岁的小蕙说很羡慕别的同学和邻居小孩，"我们班的同学一般只有一两门业余课；他们很多人天天都看电视，而我只瞄过一两眼；有的同学天天晚饭后出去散步，而我只有在周六晚上才能去散步"。

玩是孩子的天性，但在母亲的严格管理下，小蕙很少有玩的时间，楼里投沙包、跳皮筋的孩子中很少有小蕙的影子，只有在七八月的盛夏，屋子里热得待不住时，母亲才会发善心让她下楼去玩。那会儿是小蕙身心最自由、最快乐的时候。

为了能多玩一会儿，小蕙也是想尽了办法。放学回姥姥家后，她就叫饿，让姥姥去做饭，自己趁机玩；妈妈规定只有吃饭时能看电视，她就慢慢地吃，拖延吃饭时间；有时放学了，她也会躲在校园的某个角落多玩一会儿。"你怕妈妈吗？""怕。看她急了，就更害怕，有时候我并不是成心要撒谎，我是怕妈妈打我。妈妈不是经常打我，但打的时候挺狠的。我们班同学没几个挨过打，还是说服教育比较好。"

小小年纪的小蕙生理和心理负担都太重了。

从当时的情况看，张某的管教似乎取得了一定的成效：在班里，小蕙是中队委员，学习成绩名列前茅，她学了这么多门课，没有一门半途而废。但是从长远来看，又会是怎样的呢？

对此，专家有自己的看法。中科院心理研究所进行的一项家教调查结果令人担忧——我国竟有三分之二的家庭教育方式不当。这三分之二家庭的不当教育方式包括过分保护型、过分干涉型和严厉惩罚型。专家认为：过分干涉会使孩子的创造性思维受到很大影响，缺乏思维的批判性和创新精神，容易墨守成规、不思进取。严厉惩罚型就是棍棒型、打骂型。严厉≠严格。严厉惩罚的教育方式会产生两种结果：一是造成孩子退缩、胆怯、自卑等不良性格，在一定条件下可引起孩子的心理障碍；二是会形成孩子说谎、暴躁、敌对、蛮横无理等不良性格，严重的甚至导致极端事件。

2015年11月17日《京华时报》报道，河南省鹤壁市一个13岁的女孩因学习成绩差被亲妈殴打，在送到医院前就没有了呼吸。

2015年11月13日20时17分，女孩被人从鹤壁市山城区耿寺村送到医院，当时女孩已经翻白眼了，屋里还有她的妈妈和舅舅。护士说："人已经不行了，家长要求极力抢救。听妈妈说是因为学习成绩差，打她了。"

女孩一家四口人，女孩上初中，爸爸经常在外面打工，妈妈在家专职照看年幼的儿子，平时不太喜欢出门，也不喜欢跟人沟通。女孩就读于鹤壁市山城区某中学，据学校老师称，学校并没有对刚上初一的孩子组织任何考试，期中考试也将在下周举行。据鹤壁市山城区红旗公安分局刑警队工作人员初步了解，情况是：女孩因为学习成绩不好以及前一段时间拿了同学10块钱等原因，被亲生妈妈用棍棒殴打致死。

尽管案件正在进一步调查中，但亲妈殴打女儿致死是不争的事实。人们不理解的是，即便是学习成绩不好，或有其他缺点，教训两下就算了，也不至于这样下狠手呀。

专家推崇的是温暖理解型的教育方式，对孩子要晓之以理，动之以情。这种方式能保护子女的自尊心，能调动子女的心理潜力，产生积极的心理反应。

孩子是我们的未来。究竟怎样教育子女才能收到事半功倍、入心入脑的效果，每个家长都应经常反思。

呼吁：爱到深处冰自融

如果说小蕙的遭遇值得人们同情，那么，下面的案例就不仅是同情的问题了……

北京电视台曾现场直播了一起暴力伤害亲子案的公开审理，引起了社会的极大反响。

北京市某区的骆春霞（化名）有 3 个子女，长女痴傻，次女上初二，幼子王亮（化名）上小学三年级。父母下岗，生活艰难，靠摆摊为生。超生的独子王亮敏而不学，因不完成作业经常挨打，而且屡"打"不改。2000 年 4 月 12 日，王亮因没有完成作业而且撒谎于夜晚被骆春霞用长硬把儿的扫帚毒打，致使双臀双下肢成重伤，并引起肾衰竭，被送往医院抢救。经群众报案，房山区检察院提起公诉，房山区法院依法以故意伤害罪判处骆春霞有期徒刑三年缓期四年。在法庭上，骆春霞声泪俱下，痛悔莫及，恨自己不懂法、不守法；恨孩子不听话、不成才；恨家道艰难，求生困难。的确，她的长女痴傻，成才无望；次女明年中考，重男轻女的陈旧观念使她不抱什么希望；她把一切期望都寄托在了儿子身上。现在，儿子又重伤未愈，为给孩子看病，已经欠款 3 万多元，雪上加霜，套用一句老话，真成了"屋破偏逢连阴雨，船漏又遇顶头风"。在法庭上，骆春霞那饱经风霜的脸上热泪纵横，令人同情。她反复强调自己是恨铁不成钢，是孩子不争气，是自己不懂法……她悔恨莫及！值得深思的是，有的记者采访了她的儿子，而她那恨铁不成钢的儿子对母亲的一片苦心和艰难的境遇却表现得十分麻木。

这真是一个绝妙的讽刺，母亲的苦心和遭遇没有得到孩子的理解，棍棒教育的失败有目共睹。

家贫未必出孝子！

棍棒底下也未必出孝子！

调查结果表明，我国三分之二的家庭教育方式中属于严厉惩罚型的占 7%—10%。用棍棒教育孩子的父母大都文化程度不高，然而他们又望子成龙心切，于是期待棍棒底下出好人。殊不知，这种缺少关爱与理解的简单粗暴的教育方式只会将孩子越打越远。

1999 年 11 月 27 日，成都市一家派出所接到一家海鲜干杂商店的报案，称其 8 万元现金昨晚被盗。与此同时，一家电信商店来了一位小女孩，张口要买最贵的手机。她打开书包，里面一摞摞百元大钞惊得售货小姐目瞪口呆。就在女孩挑选手机时，工作人员拨打了 110，巡警很快赶到，将女孩带到了派出所。她叫小敏，竟然只有 12 岁，包里的钱就是从那家海鲜干杂商店偷来的。

12岁，正是女孩如鲜花般盛开的时节，怎么会这么早就凋谢？

12年前，小敏出生在崇州市九龙沟一户普通的农家，由于是超生，只有两个月大的她被辗转送给了成都市的钟家祥夫妇，在温暖幸福的家里，小敏渐渐长大了。然而好景不长，养母去世了，养父再婚，并与现在的妻子生了个儿子。夫妇俩忙于照顾儿子和小面馆的生意，便把小敏寄养在朋友家里。一个偶然的机会，小敏知道了自己的身世，便哭着闹着要回到亲生父母身边。经过法院调解，小敏与养父母解除了收养关系，回到了亲生父母的身边。然而，大山里贫穷的家并不像小敏想象的那么幸福，母亲不仅打她，还用链子锁在她的脚和脖子上。生活不到一年，小敏就跑到成都找她的钟爸爸。每次，不是被妈妈接回去就是被钟爸爸送回去。最后一次逃回成都后，小敏便不再回钟爸爸家，从此浪迹街头，跟着所谓的干妈、干姐泡酒吧、混舞厅，学会了喝酒、撒谎、穿高跟鞋，也学会了浓妆艳抹，并从小偷小摸发展到盗窃巨款，最终成为老百姓憎恶的"小魔女"。这是全国首例触犯《预防未成年人犯罪法》的案件，虽然案子已经过去了十几年，但从这个案例我们不难看出，一个正在茁壮成长的孩子被亲生父母和养父母当作包袱送来送去，失去了基本的生活温暖和稳定的家庭环境，也严重损伤了孩子对生活的信心和对父母的信任。父母的毒打和捆绑，非但没有锁住孩子的心，反而使孩子产生强烈的逆反心理，最终离家出走，再受到不法分子的诱惑和教唆，终于走上犯罪的道路，毁了自己也危害了社会。当然，贫穷是悲剧产生的根源，但贫穷不是产生这一切悲剧的唯一根源，贫穷加上文盲，教育的被抛弃又一次显示了它无情的后果！

让我们再来看一个案例。

北京市石景山区某派出所曾破获一起经常在八角村地铁口附近抢劫行人的青少年团伙犯罪案，抓获犯罪嫌疑人8名，其中最小的只有15岁。令人吃惊的是，这些青少年的父母对他们逃学、辍学采取的教育方式惊人地一致，那就是"打"。

犯罪嫌疑人皮某的父亲说："我没有什么文化，孩子逃学我就打，巴掌加锤子就够了。"如果说棍棒相加是许多家长在教育子女中犯下的第一个错误，那么，对孩子的逃学、辍学等不良行为一打再打而没有效果的情况下，采取放任自流、撒手不管的态度更是错上加错。犯罪嫌疑人的父亲都认为："千万别给家长惹祸，你在外面干什么都无所谓。"这些家长何其糊涂。家长如此放纵，能不使这些孩子惹祸吗？当这些孩子彻底离开了学校，告别了教育的时候，又怎么能不逐渐成为文盲加法盲，最终走向犯罪呢？

我们不难得出一个结论：不良家教是少年儿童成长的无情杀手！

家庭是社会的细胞。

家庭教育的优劣在孩子的成长过程中起着非常重要的作用。

以身作则，率先垂范永远是家长教育子女的必修课。说服教育，循循善诱永远是家长教育子女的不二法则。

有一位老师讲过这样一件事，她的班里有一名学生逃学了。经过了解，发现他和一些社会青年比较接近，是他们的引诱在起作用。老师严厉地批评了他，并和他做了长时间的谈话。学生央求老师无论如何不要告诉他的父母，老师开始答应了，并格外注意他的行踪，派班里的小干部轮流陪他上、下学，护送到家。经过反复考虑，为了请家长更好地配合教育，老师决定还是请他的父亲来学校一趟。老师把请家长的想法提前和学生谈了，学生还是不同意，怕家长打他，老师做了他保证不挨打的承诺。看得出来，学生当时对老师并不信任。第二天，学生的家长打来电话，请老师下班到他家去一趟。老师如约前往，心里不无抱怨：这位家长的架子也太大了，真是护犊子，于是心里做好了各种准备。可老师万万没有想到，一进门就看到他家摆着一桌热腾腾的饭菜。学生的父母恭恭敬敬地把老师请到上座，斟了一杯酒先敬老师，感谢老师的严格教育。孩子坐在老师身边，听家长和老师发自肺腑地交换意见，深深体察到了他们对自己的一篇苦心。从那以后，这个学生改变了，再也没有逃过学打过架。老师说并不在乎这顿饭，吃的是什么也早就忘记了，但始终忘不了这位学生的家长对学校教育的配合，对教师的理解与支持，对自己子女的严格要求和讲究方法。后来，这位学生参了军，入了党，当上了公务员。

家长是孩子的第一任老师。家长的思想意识、行为作风、家庭的经济来源（是劳动所得还是投机取巧、坑蒙拐骗所得）以及支配金钱的方式（是按需花钱还是随意挥霍）、家庭人际关系（是否平等和谐）对孩子的影响都是潜移默化的。少年儿童可塑性极强。古人云：近朱者赤，近墨者黑。作为家长，理应成为孩子做人做事的好榜样。这就要求家长不要只把教育停留在口头上，不仅要重言传，更要重身教，以自己的言行去影响孩子。

现代社会对孩子的影响力非常大，相对而言，家庭的力量显得较弱，这就使得现代家庭教育的难度增大，对家长素质提出了更高的要求。作为一名合格的家长，不仅要有抚养能力，更要有引导和教育能力，在做人、交友、选择课外读物及影视作品等方面给孩子以指导，使他们学会明辨是非、区分良莠，从而能够健康成长。现代家长不仅仅是孩子的父母，还应成为孩子的朋友，学会倾听孩子的心声，彼此信任、和谐温暖的家庭气氛会化解许多矛盾。

涉世未深的孩子在人生旅途中走点弯路在所难免。这时候家长热情、温暖、启发、引导的教育方式将给孩子以信心；而棍棒相加、冷言恶语、放任自流都将使孩子遭受更大的心理挫折和身体伤害，最终可能将孩子推向危险的边缘。专家认为，对已经犯了错误的孩子，家长应勇于接受现实，并积极配合学校开展教育，帮助孩子痛改前非。

由此看来，家庭教育的娇惯和暴力是不良教育的两个极端，尽管表现不同，本质只有一个，即教育理念的谬误导致方法的错误。长期以来，"家长就是家长"，即使家长说错了，做子女的也只能唯命是听。父母不可能平等地对待子女，尊重子女的人格。简单、命令、压制、棍棒底下出孝子已成为代代相传的家庭教育方式，越是恨铁不成钢，这种不良的家庭教育方式就越普及。物极必反，它的反面就是纵容、娇惯、无原则的溺爱，都是害人不浅。而温暖理解民主型的家教方式是对孩子晓之以理，动之以情，保护子女的自尊心，调动他们的心理潜力，会产生积极的心理效应。

有人说，在父母文化不高、经济状况不良环境中长大的孩子，挨打要多一些，因为父母不太善于说理，手就自动来帮忙。实际上，很多考入北大、清华的文理科状元都出身于工人、农民和小职员家庭，其中不少来自偏远的农村，其父母的文化程度较低甚至是文盲，但状元们接受的都是温暖理解民主型的教育方式。他们的父母虽然没什么文化，但懂得用自己的人格力量去影响孩子，引导孩子做正直、善良、积极进取的人；他们的父母注重信心教育，经常鼓励孩子：只要你奋斗，你就行！状元们的家庭都很民主，家长与孩子人格平等，有问题互相探讨、协商解决……因此，他们的成才昭示出一个道理：家长担起自己的责任，必须讲究教育方法。

亲情融洽的家庭，父母对孩子的态度更亲切更随意一些，孩子更善于明白父母的用心。亲情不融洽的家庭，敲打孩子或批评过火都可能引发逆反心理，得不偿失。严重时，甚至产生家庭内的敌意，父母与子女形同陌路。调查显示，有不少的成人把一生的不快、不幸福归结于小时候父母的粗暴态度，使自己从小就没有尊严与自信心。

做一个令孩子喜欢和自豪的家长，读书学习是关键。自己储备一桶水，才有可能满足孩子一杯水的需要。

孩子的自尊心有时候比大人还强，而且心灵也比较脆弱。鲁迅先生说过："棍棒底下出奴才。"没有父母希望自己的孩子成为"奴才"，或者是一个没有主见、不会独立思考的人。那么，拿起科学的武器吧，理性地教育孩子，爱到深处冰自融。

04 一个无法回避的话题：破碎的家庭给了孩子破碎的心灵

　　长期以来，中国作为一个伦理观念非常强的国家，家庭是社会生活中较为稳定的社会组织形式。到了近现代社会，由于生产方式的改变，致使人们的婚姻观念发生了变化，家庭关系开始松动。离婚率上升以及单亲家庭和重组家庭的不断增加，大大减弱了对少年儿童的教育及保护功能。夫妻离异、家庭解体，对少年儿童造成了难以估量的伤害。父母感情破裂时相互间的冷战给未成年子女以强烈的刺激、惊吓，使他们感到紧张和不知所措，单亲家庭的教育相对于双亲家庭来说，无论在知识、情感、社会化方面都严重缺失。正因为如此，单亲家庭的孩子往往敏感、孤僻、易怒，心理相对脆弱，容易产生冷漠心态，破罐子破摔。一些孩子因父母离异成绩一落千丈，而且沉默寡言，不愿与人交往，往往由积极乐观变得自暴自弃。

单亲家庭越来越多，孩子的教育问题也越来越多！

听听：单亲孩子的心里话

　　北京电视台曾经有个很著名的栏目"荧屏连着你和我"，导演曾到北京市某中学召开座谈会，为十几个单亲家庭子女的际遇所震惊。提起父母，孩子们含着热泪说个没完，天都黑了，竟没有一个孩子肯离去。于是，"荧屏连着你和我"播出了一期特别节目，把单亲家庭子女的教育问题摆到了千家万户的面前，也就有了我们不能不说的话题。

首先，还是让我们来听一听单亲家庭孩子的心里话——

【心声 1】我对不起我妈妈

重男轻女，是中国人的传统陋习。

解放这么多年了，人们的传统观念已经改变了许多，特别是那些错误观念。但是，那些千百年来的传统陋习所形成的巨大惯性仍然使许多人虽然衣服现代化了但头脑依旧僵化，重男轻女的意识在一些人的脑海中仍然根深蒂固，农村更严重。这里要

我渴望

幸福的一家

讲的是小华的家人，尽管生活在北京，仍然固执地抱着陈腐观念不放，以致家庭破碎，使孩子的心灵蒙上永难抹去的阴影。小华刚过 14 岁生日，用一句流行词说，是一个花季少年。在演播现场，她一直在流泪，"我爸我妈原来感情挺好的，我爸和奶奶都想要男孩，所以我一生出来就不讨他们喜欢，因为我，我妈妈才跟我爸离的婚。我对不起我妈妈，要是没有我，爸妈就会过得很幸福"。一席话令在场的人无不心酸掉泪。

果真是孩子对不起大人吗？

【心声 2】我想看看我爸爸长什么样

刘某、马某欢欢喜喜结了婚，"不幸"的是，第二年，刘某生下了女儿小敏。生小敏那天，只有刘某一人在医院孤零零地躺着。随后，马家对她的种种刁难接连不断。丈夫对她的态度没多大改变，但也不喜欢女孩，小敏生病他也不送医院，刘某一气之下抱着 4 个月大的小敏回了娘家。

姥姥用温暖的怀抱接纳了小敏。姥姥是妈妈的继母，跟小敏没有血缘关系，但她为养育小敏，却付出了深深的爱。

转眼小敏快两岁了。在朋友的撮合下，刘某买了个西瓜带着孩子回婆家，一路上小敏蹦蹦跳跳，对奶奶家充满了好奇和向往。西瓜切开了，当大家吃的时候，却发现每块上面都有个小月牙，奶奶怒目圆睁："马家没有这样的孩子，以后你就别带她来了。"后来刘某又去了几次，发现马家不能接受小敏，便再也不去了。不久，刘某、马某离了婚。

从此，小敏再也没见过父亲。

10岁那年，小敏被查出尿酮体两个加号，姥姥、姥爷、妈妈拿出全部积蓄，又借了一点钱，把她送进了医院。刘某找马某要钱，对方却置之不理，甚至对孩子的病情没问过一句。病房里，小敏酸溜溜地看着病友的爸爸与病友做游戏，开始想象爸爸的模样。

她拉着妈妈的手说："爸爸能来看我吗？"

刘某为不让她伤心，只好说："我没找着你爸爸，他要知道一定会来看你的。"

那年年底，小敏又住进了医院，妈妈的同事、领导慷慨解囊，姥姥东借西借，凑足了住院费。小敏知道大人的不易，就拼命地学习来回报大家。出院时正逢期末考试，小敏的成绩名列前茅。

小敏曾因感冒诱发酮体酸中毒，一度生命垂危，在医院里昏迷了一个星期之后，迷迷糊糊地觉得爸爸来看她了，一双温暖的大手抚摸着自己的额头。"爸爸！"她从心底发出一声颤抖的呼喊，当她费力地睁开双眼，却只有姥姥、姥爷、妈妈守在她的床前。

因为小敏的病，刘家已债台高筑。马某除每月汇来很少的钱之外，没有什么表示。刘某通过熟人反复和他交涉，要求增加抚养费和报销医疗费，他都置之不理。小敏出院后每天仍需注射两针胰岛素，这笔开支，刘家有时也保障不了，小敏的身体难以康复，第四次住进了医院。恰逢一位张姓律师来看同室的病友，了解到小敏的身世后，热心帮忙，去找马某，劝他去看一看女儿，马某却始终没去。

终于，刚从医院出来的小敏在张律师的帮助下将生父马某告上了法庭，抚养费增加了，住院未能报销的费用由马某全部承担。

小敏是个格外心重的孩子，看着妈妈日渐消瘦的身体和逐渐失去光泽的脸，感觉总有一块石头压在心头。她非常希望妈妈能再结婚，经常撒娇地对妈妈说："你给我找个爸爸行吗？不用找那个亲爸爸，我好羡慕别人有爸爸！"刘某怕后爸让孩子受委屈，想跟马某复婚，但那边一直没有音信。

有人问小敏最想做的一件事是什么，她流着泪答道："我想看看我爸爸长什么样，还想问问他为什么不要我？"她还多次问："您能找到我爸爸吗？"

他的爸爸能回答这个问题吗？

生男生女是谁在起主要作用？对这个生理科学的问题我们不在这里讨论。我们只想问一句，孩子有什么罪过，要让她从小背上如此沉重的十字架？

【心声 3】珍爱生命

六年级的娟娟不爱说话，平时给老师和同学的印象是学习认真、乖巧可爱，她的父亲和继母工作很忙，陪伴她的时间很少。一天，娟娟的爸爸忽然找到班主任，反映这几天娟娟总说活着没意思，他很担心。

娟娟性格内向，缺乏亲情、缺少关爱，以致悲观颓废，甚至产生了轻生的念头。遇到像这样的情况，家长要给予高度重视，认真做好心理疏导工作，千万不可掉以轻心，更不可处事简单粗暴。

父亲特别是继母要让孩子懂得生命来之不易，父母含辛茹苦地抚养自己；老师辛勤工作，呕心沥血地教导自己；国家提供了良好的学习条件；社会创造了美好的生活环境，自己就像破土而出的幼苗，沐浴灿烂阳光，充满勃勃生机。生命不仅仅属于自己，要善待生命，勇敢地面对家庭现实，继母也是母亲，也会把大爱给自己，自己一定要变得阳光起来。

父亲和继母都很忙，这不能成为对孩子缺少关爱的借口。因此，父亲和继母最重要的是与孩子沟通，只有一个充满爱和温馨的家庭才能令孩子真正健康地成长。父亲和继母需要承担起更多的教育责任，而不是仅仅从物质方面满足孩子。高尔基说：谁爱孩子，孩子就爱谁。这个道理家长要明白。

【心声 4】爸爸妈妈永远不要相见

一日夫妻百日恩，但是一旦夫妻反目成仇，孩子是首当其冲的受害者。

"我的爸爸妈妈已很久没有见面了，但我还是希望他们不要相见，甚至到永远。"16 岁的姑娘杨杨语惊四座。

在杨杨的记忆中，爸爸妈妈每时每刻都在争吵、拳脚相向或摔盆打罐，弄得周围邻居都不得安宁。爷爷、奶奶、姥姥、姥爷劝过来劝过去，居委会大妈一会儿安慰这边一会儿安慰那边。杨杨对此也没少生过气，无奈之下只好躲到一边去哭泣。

10 岁那年，爸爸妈妈离婚了，杨杨的生活一下子平静了下来。妈妈那一直阴着的脸绽出了春天般的笑容，杨杨别提有多高兴了。生活虽然过得很艰苦，但母女俩整天有说有笑，苦中自有真情在。

杨杨也经常去看爸爸。爸爸脸上的阴雾也早已一扫而光，领着她开心地到郊外踏青、逛博物馆、吃街头小吃……

杨杨说她很理解和支持自己的父母，与其在一块吵闹，不如分开开心地过日子，单亲家庭也很正常，她与周围的同学没什么两样。

如今，没有了家庭烦恼的打搅，杨杨正幸福地生活着。

杨杨是幸运的，幸运的是爸爸妈妈都很理性，可惜，这样的家庭并不多。

倾听完这几个单亲家庭孩子发自内心的诉说后，我们的心情分外沉重。血缘与血缘的呼唤，为什么竟如此微弱？身为人父人母，人性的光辉又为何轻易泯灭？离异家庭中谁最痛苦，大人？孩子？家庭解体不可避免地影响了孩子的成长，甚至可能使其心灵终生蒙上阴影。

孩子是无辜的！

说说：孩子为何状告父母

单亲家庭，是指由于丧偶、离异、分居和其他种种原因而造成的不完全家庭。典型的模式就是由一位父亲或母亲和一名未成年子女组成的家庭。据中国少先队工作学会组织的全国调研报告统计，单身母亲约占已婚妇女的 10%—15%。在单亲家庭中，40% 的孩子有自卑心理；60% 的孩子性格孤僻、感情脆弱；25% 的孩子感情波动起伏不定；50% 的孩子心理早熟。近年来，北京、上海、广州等大中城市的离婚率以每年 20% 的速度增长，由此形成的单亲家庭对孩子的伤害也很突出。单亲家庭子女的教育问题已经成为社会关注的重大问题。

由中国青少年发展基金会发起的旨在救助失学儿童重返校园的"希望工程"在全国乃至海内外都产生了巨大的影响。从党和国家领导人到普通百姓，从旅居国外的侨胞到绿色军营的战士，从白发苍苍的老人到莘莘学子，都伸出了温暖之手，为"希望工程"添砖加瓦，贡献力量。在全社会的支持和帮助下，很多曾发出"我要上学"的呼声的孩子又背起了书包，重新坐在明亮的教室里遨游在知识的海洋。一大批希望小学如繁星点点，给贫困地区的儿童带来了求知的欢乐。

可是，失学的并非只是山、老、边、穷地区的儿童，那些破裂家庭严重影响了孩子的学习和生活，无法保证孩子正常的学习条件和学习环境，甚至使孩子处于一种自由放任的状态，失去了求学的机会。

我们来看一个真实的案例：一个 12 岁的女孩，为了能够继续上学，考虑再三，最终将自己的父母告上了法庭。法院为这个女孩讨回了她重新回到学校的权利，然而，这个孩子并不开心……

浙江省某地一所小学开学的第一天，同学们都在快乐地列队、做操，迎接着新的学年。而就在此刻，操场一侧数学楼的过道里，有一个穿红色衣服叫小美的女孩却满腹心事，愁眉苦脸。

她面临着失学。就在这一天，小美让她妈妈给她交学费，她妈妈说没钱，她让妈妈去借，她妈说借了钱也还不起，拒绝了她的请求。

小美的父母在长期的吵闹后离婚了，妈妈没有固定的经济来源，不能为孩子交学费，她认为学校方面会去找小美的父亲讨要学费，但校方的答复是：孩子没有钱交学费，就不能上学。妈妈无奈，只能告诉小美自己无能为力。小美当时就抱着母亲的大腿痛哭起来，边哭边喊着："妈妈我要读书，妈妈我要读书！"

这个情景恰巧被法律服务所的王律师看到了，他和同事把小美带到了所里，让她先去上学。于是，小美在只交了学费而没交住宿费的情况下先去上学了。

那么，为什么小美的父亲拒绝给女儿交学费呢？原来，小美父母的离婚协议达成后，由于男方没有交齐补偿金，结果法庭做了撤诉处理。在这之后，小美父母的关系越发难以愈合，小美的母亲搬回娘家，而父亲则外出打工，并且有了新的女友，不再回家去住。

受害最深的当然是小美，她常常回不了家，放学回家连饭都吃不上，后来学费竟也成了问题。

一个年仅 12 岁的孩子经历了如此的家庭动荡，心里的痛楚是无法形容的。小美的班主任说，自从小美的父母闹僵以后，她在班里的活泼劲头就消失了。有的时候，她一个人坐在教室里愣神，或趴在位子上想心事，当时老师还不清楚小美家出了变故，就问她为什么要趴在那里？小美抬起头，眼泪汪汪的，什么都不肯说。在老师的劝导下，小美把家里的变故说了出来。老师听了也只好鼓励她先好好读书。

小美本人说："爸爸妈妈经常吵架，而且越吵越凶，吵得很凶时就拿我出气。我让他们别打了，他们也不听，我只好在一边哭。弄得我听老师讲课时都会想到他们打架的事情。有时候老师让我站起来回答问题，我讲着讲着就不知讲到哪儿去了……"

法律服务所的工作人员对小美的遭遇深表同情。他们将真实情况告诉了她，并向她申明了其中的利害关系，最后又向她指明：只有将她的父母告上法庭，以法律的手段来解决问题。

让孩子状告自己的父母，这太难了。对12岁的小美来说，这恐怕是她人生中最难解答的一道题。但是，强烈的求知愿望征服了她，第二天，她终于向法律服务所的叔叔阿姨们宣布，她打算状告父母。由于她年龄小，不会写起诉书。服务所的工作人员帮她写了起诉书，然后又念给她听。其中主要内容是要求小美的父母负担她的学习和生活费用。鉴于小美的家庭情况，这家法律服务所的律师决定免费为她提供服务。

法院在接到小美递来的起诉书后，决定加快审理进度，以便使孩子尽快在上学、生活方面获得保障。

然而，就在开庭之前，小美的父亲突然来到了法律服务所，他提出应先解决婚姻问题，这样孩子的问题就比较好解决，否则只是从孩子的学习费用方面来解决问题，会治标不治本。当服务所的工作人员问他如何解决时，他直截了当地说："我想提出离婚，一次性解决我女儿的问题。"事实上，他与妻子之间的关系已经恶化到了无法逆转的地步。针对这个问题，法庭决定并案审理。

法院开庭以后，小美母亲的律师又提出了一个"第三者"的问题，指出正因为男人有了新欢，才导致夫妻关系破裂，并提出从与双亲的关系、性别角度考虑，母亲抚养孩子更合适。而父亲也向法庭出示了小美曾写的想让自己的奶奶抚养的证明。双方争执不下，法官问小美，到底希望谁来抚养她？经过痛苦的考虑，小美选择了母亲。

经过一番审理，法院做出如下判决：一、父母离婚；二、小美由其母抚养成人；三、父亲至小美能独立生活前，每月承担生活费×××元，教育费凭学校的单据，于每年1月30日和8月30日一次性付清。此外，法院还对双方财产分割做了规定。

法院宣布判决结果后，小美面无笑容地说："我很感谢法院的叔叔替我做主，让我重新回到学校读书。"

小美讨到了"说法"，终于可以安心地去上学了。一段时间内，她非常开心，和同学们一起做游戏、唱歌、到野外采茶。同学们都说，小美的学习成绩比原来好了，也更愿意与同学们交往了。

然而，孩子的笑容很快又变成了愁容。原因很简单：她企盼父母能够和好，自己有一个完整而温暖的家的愿望已经永远地落空了。

法院的判决宣布以后，很长一段时间内，父亲都没有来学校看望自己的亲生女儿。孩子毕竟在情感上是依赖父母的。小美想念自己的父亲，因为这种思念，使得她上课时难以集中精力，学习成绩又受到了影响。她羡慕同学们，因为他们都有一个温暖的家庭。小美的奶奶每每提起此事，眼中就满含泪水，她一再说：孩子太可怜，孩子太可怜……

你无法想象，初夏的江南在蒙蒙细雨中，田垄上有一个撑着雨伞的矮小身影在孤独地走着，在大自然中，她的红衣蓝裤在一片绿色的衬托下显得格外醒目。在人生的道路上，她的身影是那样孤独、单薄、冷清，让人为她担忧、惆怅……她能撑起自己的未来吗？

俗话说："虎毒不食子。"那些只顾自己而丢掉了培养教育子女责任的人，难道不该受到社会舆论的谴责和道德法庭的审判吗？

孩子在人生的路上需要呵护，这种呵护不仅表现在物质的供给上，更重要的是亲情，是关怀，是人性的影响和塑造，尤其在儿童素质形成的过程中，更需要家庭的温暖和父母的引导。

人是有情感的。亲情是世界上最美好的情感之一。从某种意义上说，家庭教育就是情感教育。

情感教育非常重要。刺激意义引起情感反应。在更高一级的认知加工中，当刺激以超越其物理属性的意义作用于人时，产生情感反应的机会和可能性就更大。父母往往通过爱抚、呵护使孩子触景而动心，动心而生情，这是激发情感的重要环节。例如，和父母面对面交流，亲耳聆听他们的教诲，亲自感觉他们的感受，从心底产生对父母的敬仰之情，说出自己的心里话，渴望得到父母的指引和激励。这既是情感被诱发，也是情感的双向流动。孩子的直接感知迅速、反应强，让他们设身处地体验情感，

接受潜在的教育因素，具有迅速定向的作用。如感受亲情的快乐，体验父母的舐犊情深，就可以强化情感体验，亲身体验父母的艰辛付出，从而产生朴实的美好情感，这是用任何说教、物质、金钱也换不来的。孩子对亲情有了体验，心中的 "爱"便会油然而生，决心学习更多的知识和本领以报父母之恩，然后努力寻找发展自我的道路和途径，报效祖国、服务社会、回馈人民。

等等：请不要随便在离婚协议上签字

在不少离异的家庭中，孩子失去了"家"的温暖，失去了健康成长的必要条件，变得性情暴戾、孤独自卑，甚至变得愤世嫉俗、玩世不恭。失去温暖的孩子不再恋家，他们实施违法犯罪的行为的可能性远远高于正常家庭中的孩子。

江苏省镇江市 11 岁的杨杰，父母离婚后，他被判给父亲抚养。而父亲认为孩子应由母亲负责。成了"累赘"的杨杰，经常遭到父亲的无端打骂，有时父亲还用铁链子把他锁在家中。有时候没东西吃了，家里不给零花钱了，杨杰就只好出去偷东西。家，对他来说是可怕的囚笼，因此，他一次次离家出走：去郑州、下天津、到南京、上北京……在边城乌鲁木齐市，来自全国各地的 15 个孩子，最大的 17 岁，最小的只有 9 岁，他们把地下管道当作自己的"王国"。这个"地下王国"里有"国王"、有"总理"，每天晚上 11 时左右通过四通八达的地下管网进入居民家地下室及仓储库房偷窃。凌晨三四点，再"浮"出地面，对已踩好点的商店、橱窗进行偷窃。15 个孩子最大的"享受"是进录像厅看录像，或在那里的沙发上睡上一夜。他们还有两个共同点：一是都有后妈，二是不想回家。

在广东深圳市的一个出租屋内，警方抓获了由 4 个儿童组成的盗窃团伙，他们平均年龄只有 12.5 岁，在 3 个月里共作案 5 宗，盗得一批手机、电脑及高级香烟等价值共计 40 万元的物品。4 个孩子都是因为家庭失和、父母离异或不堪后父或后母虐待而离家的，相同的经历使他们走到了一起，组成了盗窃团伙。

南京的林美，初中二年级时父母离婚了，她被判给了父亲。一个无忧无虑的女孩面对着破裂的家庭，内心充满了困惑：父母是自己在这个世界上至亲至爱的人，怎么忽然间彼此变得像仇人一样？从此，林美的性情变得孤僻，学习成绩直线下降，而作为监护人的父亲又对她不闻不问，在外赌博整日不归。勉强读完初中后，林美辍学了，与社会上的一些不良少年混在一起，家在她的心目中变得越来越模糊。那年她才 16 岁。很快，林美沾上了许多不良恶习，抽烟、酗酒……失去了一个纯真少女应有的一切。

三个真实的案例不能不引起我们的深思。父母结婚有他们相爱的理由，父母离婚也有他们分手的理由，但随便的离合使孩子成了无辜的受害者。离婚者往往是为了维护自身的合法权益，为了追求更幸福的生活，但这些人可曾想过，他们孩子的合法权益该怎样维护？他们孩子的幸福生活又该怎样争取？

《中华人民共和国未成年人保护法》明确规定：父母或者其他监护人"应当依法履行对未成年人的监护责任和抚养义务"，"应当以健康的思想品行和适当的办法教育未成年人"……

父母婚姻美满与否与孩子能否健康成长关系重大！

父母在婚姻问题上应该严肃、慎重，结婚不容易，离婚更难，请不要随便在离婚协议上签字。如果签了字，就要对孩子有所担当，负责到底！

王某也是在儿子很小的时候就和丈夫离婚的。母子二人同样面对着单亲家庭必须面对的很多问题，但王某非常注重给孩子创造正常的家庭气氛，她告诉儿子："爸爸妈妈离婚并不是因为不爱你，只是爸爸妈妈合不来而已。"她还鼓励儿子和父亲接触。孩子曾一度患血液系统疾病，母子俩共同与疾病抗争，他们的感人事迹在当地广为流传。孩子被称为"张海迪式的好少年"，被评为"全国好少年"。孩子如今已是大学生，朝气蓬勃，充满活力。这对母子关系融洽、生活幸福，没有产生单亲家庭常有的各种弊端。可见，父母婚姻是否美满并不是孩子健康成长的唯一决定因素。关键还要看单亲家庭的父亲或母亲能否用恰当的教育方式填补单亲的缺憾，给孩子创造一个平常、轻松、快乐的成长环境。

可以肯定地说，在离婚时能够坚持要孩子，勇敢地承担抚养子女义务的父亲、母亲，是将自己的幸福放在孩子的幸福之后的父母。那么在独自艰难地与孩子相处的日子里，怎样做才能使孩子心情舒畅、心态健康地成长呢？

我们给家长提出如下建议：

1. 不要将夫妻间的恩怨推给孩子。大人有大人的事，孩子往往是无法全面理解的。

2. 克制自己的烦躁情绪，不要将孩子作为宣泄的对象。

3. 克服狭隘的报复心理，不要随口就说"你爸（妈）死了""你和你爸（妈）一样都不是好东西"等这些不理智的话。

4. 有的女性为了达到让男方痛苦的目的，不让孩子与父亲见面，这是错误的，岂不知在惩罚对方的同时，也惩罚了自己的孩子。要让孩子见到对方，不要让孩子失去父爱或者母爱。

5. 鼓励孩子多和小朋友交往，培养孩子容忍、宽厚、大气、诚信的品格。

6. 注意引导孩子尽快融入新组建的家庭，而且在新的家庭环境中赋予孩子平等的地位。

7. 多和孩子交流。孩子难免在社会上受到一些有意和无意的伤害，要教给孩子应对的办法，并告诉孩子，虽然妈妈和爸爸分开了，但无论爸爸还是妈妈都还是你最亲的人，你和别人一样，什么都不缺。

8. 单亲父母要为人师表。单亲父母不可避免地会与异性接触，在孩子面前要大方、适度。任何生活的不检点、不自爱都会给孩子带来不良影响。

每一个单亲家庭中的父亲、母亲，如果你真爱孩子，就应该想尽办法，把离婚带给孩子的负面影响降到最低，给孩子一份完整的爱。

一位离异后的母亲说：我已当了三年的单身母亲，其间各种感受一言难尽。不过，从一开始我就将离婚的事坦然告诉了孩子，并征求了孩子的意见，所以对孩子没有太大的伤害。离开丈夫后的日子里，我和女儿每天早晨一起床，就开始一边洗漱一边交流，然后我准备早点她收拾房间，一起吃饭，一起出发，她上学我上班。晚上我比女儿早些回家，买菜烧饭、兴致勃勃。晚饭后女儿写作业，我收拾饭桌、洗碗洗衣、擦桌扫地。这些完成后我们会打开电视机边看电视边聊天，话题丰富无所不谈，得意起来同歌共舞，好不开心。

女儿是初中学生，由于我能尊重她，所以她也非常理解我的选择，父母分手不但对

她没有形成压力，相反，我们尽可能关心对方，宽慰对方。女儿的身高、体重增加了，性格也逐渐活泼开朗起来，原来任性骄横的女儿现在变得懂事多了。女儿愿意和我谈学校里同学间的事，向我提出问题。我也非常感兴趣地听她说，并帮助分析她的问题，陈述我的观点。谈到投机时，女儿会真诚地对我说："妈妈，我爱你！""妈妈，做你女儿真幸运。"

　　健全的家庭不一定没问题，不健全的家庭也不一定有问题。单亲家庭作为社会现象，不一定缺少幸福和快乐。离异的父母只要尊重自己、尊重对方，自立自强，坦坦荡荡，就能超越自我，勇敢地面对孩子，勇敢地面对未来。

05 一个必须正视的话题："留守"儿童与"流动"儿童的成长需求

改革开放之后，中国大地上出现了人口大流动，据《2014 年国民经济和社会发展统计公报》数据显示：截至 2014 年年底全国大陆总人口为 13 亿，其中城镇常住人口为 7 亿多，流动人口为 2.53 亿，流动人口规模达到历史新高，流动人口流量、流向、结

构和流动人口群体的利益诉求都在发生着深刻变化。与 2000 年第五次全国人口普查相比，城镇人口增加 2 亿多人，城镇化率达到了 51%，表明我国已经结束了以乡村型社会为主体的时代，开始进入以城市型社会为主体的新的时代。

北京常住人口 2151.6 万人（2014 年年底），提前突破了国务院批复的《北京城市总体规划（2004—2020 年）》所确定的 2020 年北京市常住人口总量控制在 1800 万人的目标（常住人口包括有北京户籍的人口和没有北京户籍的人口），56 个民族在北京聚齐。人口分布呈圈层向外拓展，即由二、三环内向四环外聚集。其中，三环至六环间，聚集了 1200 万常住人口，占全市人口总数的 57.1%。北京常住人口密度为 1311 人／平方公里。截至 2014 年年底，北京常住外来人口为 800 多万人，低于上海（990 万人）而高于其他城市。

如此庞大的流动人口从四面八方涌入城市，形成了两个特殊的儿童群体——留守儿童与流动儿童。

中国人把自己的下一代看成自己生命的延续，很多留守儿童与流动儿童的家长对子女的学业寄予殷切的期望，希望孩子将来拥有高学历，有出息。但也有相当一部分家庭受经济状况的困扰，对孩子的未来感到茫然。一方面是不堪重负的生活状况，另一方面是对孩子成才的殷切期望，很多家庭生活在这样一种两难的状态之中，需要得到社会的关注和帮助。

留守：不可以放任自流

随着我国经济的快速发展，大量的农村劳动力向城市转移，越来越多的农村父母涌向城市打工。他们当中的很多家庭将尚未成年的子女留在了农村，交给孩子的爷爷奶奶、外公外婆或其他亲友照顾，这就产生了我国现阶段一个特殊的社会群体——留守儿童。

留守儿童是一个庞大的特殊群体。我国农村留守儿童人数超过 2000 万人，而且还在不断增长。

留守儿童的父母外出打工，长期不能亲自照顾自己的孩子，而由爷爷奶奶、外公外婆及其他亲友照管。这使得他们的成长环境与非留守儿童的成长环境有比较明显的差异，这种环境对他们的成长有很多不利因素。首先是普遍存在对留守儿童要求不严格、监管不到位的情况。由爷爷奶奶、外公外婆照顾留守儿童，因为隔代的缘故，不管是意识得到，还是意识不到，老人都不可能像孩子的父母那样严格要求他们，不少孩子受到溺爱和放任。留守儿童在父母远离家庭的情况下也会自然产生一种松懈的心理暗示，他们对爷爷奶奶、外公外婆或其他亲友的权威的认同与对父母权威的认同也有着明显的区别。因此，爷爷奶奶、外公外婆或其他亲友向留守儿童发出的要求的信号常常被弱化。尤其是在亲友家的留守儿童，由于亲友顾虑留守儿童父母的误会，往往不能严格地要求他们。这种状况明显地对留守儿童的成长不利。

其次是生活环境冷清，缺乏父母的关爱，缺乏交流。留守儿童在爷爷奶奶、外公外婆或其他亲友身边，无论是亲缘关系还是年龄距离都与在父母身边的儿童有比较大的差距。这种差距增加了交流的困难，正在成长中的儿童的交流沟通能力的发展受到制约，这使他们更容易形成孤僻的性格。尤其是一些父母长时间外出打工，一年难得回家一次，留守儿童在家里非常渴望亲情，非常渴望父爱母爱。这使得他们在本应快乐成长的年月，增加了很大的精神负担。重庆曾有一首孩子创作的歌曲《爸爸妈妈，我想对你说》："爸爸妈妈你们好吗？你们的孩子盼你们回家。爸爸妈妈呀外出打工，你们知道吗？孩儿生病的时候孤独害怕；做梦的时候想爸爸妈妈。爸爸妈妈呀，快回家吧，没有人照顾我的学习和生活，你们在外打工挣钱到底为了啥？孩子需要你们的关心照顾，你们在外打工挣钱都是为了我呀！盼你们快快回家快快回家！"很多孩子只要一唱起这首歌，就会潸然泪下。

一些家庭的父母与爷爷奶奶或外公外婆在负担孩子费用的问题上发生争议，增加了孩子的精神压力。俗话说家家都有一本难念的经，有的家庭把孩子交给爷爷奶奶或外公外婆看管，但在孩子的费用上没有处理妥当，甚至发生争吵，孩子夹在父母与爷爷奶奶或外公外婆当中，使他们承受很大的精神压力。长辈之间的相互推诿，让孩子感觉自己成为他们的累赘，自我价值认同受到影响，这样的孩子比较容易产生放任自己的心理。这种放任自己的心理往往成为消极人生态度的基础，这对留守儿童的成长极为不利。

一些留守儿童的爷爷奶奶或外公外婆年事已高，不能很好地照顾他们的生活，甚至不少留守儿童不吃早餐就去上学或者上学迟到。随着子女长大成人，老人们的生活习惯已经渐渐发生了变化，淡化了时间观念。操持家务的能力也大不如前。孩子们天天需要按时去上学，但因为农村煮食早餐需要花费很多时间，很多孩子常常会因为早餐的影响而迟到；有时为了赶时间，不吃早餐就去上学，这也对留守儿童的身体发育造成极为不利的影响。

爷爷奶奶或外公外婆往往无法辅导和督促留守儿童的学习和家庭作业，使他们的学习不同程度地受到影响。爷爷奶奶或外公外婆的文化一般不高，看不懂、也没有能力检查孩子的作业。孩子在完成作业遇到问题时，无法得到帮助。这对孩子的学习会产生比较大的影响。这对留守儿童的成长也是一大不利因素。

父母不在身边，留守儿童在遇到突发事件的时候，往往感到无助，心理承受能力比较差。因为父母不在身边，留守儿童往往缺乏安全感，他们的心理比较脆弱，比较敏感。当他们受到别人欺负、与同学之间产生纠纷、受到老师的批评或者与看管自己的爷爷奶奶、外公外婆及其他亲友产生别扭时，就会非常敏感，非常委屈，容易做出过激的反应。比如，一个叫彭上的留守儿童是四年级学生，只有10岁，父母外出打工

后由爷爷奶奶照顾。一天，在上学的路上几个初中学生搜走了他身上的午餐费2.5元钱。这时候他没有想到去向老师反映，而是立即感到了父母不在家的委屈，于是决定去找在外地打工的爸爸妈妈。他沿着公路往爸爸妈妈外出的方向走，走了几个小时，又累又饿，边走边哭。后来在高速公路旁遇到了养路工人，经过询问他的情况后，一边安抚他，给他吃的，一边同学校联系，到傍晚时分爷爷奶奶才将其接回家中。

由于成长环境的特殊性，留守儿童在成长的过程中，受到上述不利因素的影响，会出现亲情失落、心理失衡、行为失控、学习失教、安全失保、监护失助等问题。留守儿童由于亲情的缺位，监护不利，存在学习成绩差、人格心理发育不健全、生活安全保障不强等问题。他们往往容易沉迷于电子游戏和网络，吸烟、打架等不良行为在留守儿童当中发生的比例要比同龄儿童高。老师反映留守儿童教育难度大。

解决农村留守儿童的教育问题，首先需要提供政策保障。许多进城务工人员都希望把孩子带在身边，但城镇学校就读成本太高使他们望而却步，把孩子留在农村就成了绝大多数家庭无奈的选择。为此，政府和教育部门正在公平教育的原则指导下，均衡教育资源，努力为流动儿童就读创造条件。与此同时，把加强农村中小学建设作为新农村建设的重要内容，不断增加财政投入。把农村留守儿童工作作为对学校的考核标准，把留守儿童的教育管理工作当作重要任务来完成。教育部门、民政部门、共青团、妇联等通过开展"手拉手"互助行动、"希望工程""春蕾计划"等活动，为农村留守儿童送温暖，帮助他们克服自卑心理，树立"自立、自强、自信、自尊"的意识。

留守儿童的家长要关心自己孩子的教育，真正负起家长的责任来。调查表明，有一半以上的留守儿童知道自己的父母在外打工，但根本不知道自己的父母在外做什么工作，

沟通较少。父母与子女很少进行面对面的交流，只能以间接的方式来表达自己的思念和牵挂。目前主要的联系方式是打电话，半个月或一个月才联系一次，还有少量留守儿童与父母很少联系甚至没有联系。沟通较少，缺少正常的感情交流，给留守儿童的身心发展带来不良影响。心理学研究表明，孩子与父母分离的时间越长，儿童的心理健康水平越低，各种心理问题就越突出。少年儿童正处于身心成长的关键时期，由于生理和心理的变化，会产生许多烦恼与困惑，需要加以正确及时的引导，并提供必要的帮助。父母外出打工后，和留守儿童联系最紧密的就是监护人。监护人不仅照看留守儿童的生活，而且也应该成为留守儿童的思想与感情的主要依靠对象，遗憾的是，很多留守儿童只是将问题闷在心里或写日记或告诉要好的同学。

实际上，很多留守儿童对父母不在家的生活并不习惯，感到孤独无助的占绝大多数，他们不想让父母出去，希望他们和自己生活在一起，或是心里不想让他们走但是理解父母，也有少量留守儿童表示父母不要自己了。学校老师反映，一半以上的农村留守儿童存在"经常打架""经常迟到"和"经常逃学"行为，厌学、逃学倾向明显。无论是单亲监护、隔代监护、上辈监护和同辈或自我监护，这种状况都应当引起家长的高度重视。

家庭和父母对孩子的关爱和教育是留守儿童健康成长的基础，具有不可替代性。家长要充分认识家庭教育的重要性，重视子女的情感需求和人格的健康发展。学会用正确和适当的方法去影响、教育子女，并为子女提供必要的学习条件，如不要让子女干过多的家务、农活，保证他们有充分的学习时间。引导家长适当改变外出务工方式。夫妻两人尽量不要同时外出务工，同时要增加回家的频率，或借助各种通信工具加强与孩子交流和沟通，关心孩子
的成长，让孩子能经常感受到父母的关爱和家庭的温暖。与学校经常保持联系，及时向老师和监护人了解孩子生活状况和学习情况。与监护人、学校共同配合，为留守儿童提供一个良好的生活环境和学习环境。

流动：不可以敷衍了事

大量流动人口涌入城市，补偿了城市服务功能，许多北京人原来从事的工作，如餐饮业、日常菜品供应业、零售业被流动人口迅速填充，满足了城市对廉价劳动力的大量需求，也进一步拉动了人口流动。另一种规模较大的进入方式是建筑业、保安业等。产业社区型流动和城市功能补偿型的流动在流动形态上的突出特征是以家庭为流动单位的比例比较大，流动儿童问题也就特别突出。

流动儿童有的在家乡出生被父母带到城市中，也有相当一部分就出生在父母打工的城市。这些孩子虽然有父母监护，但也存在很多问题：一是经济条件比较差，农民工本身收入就不多，城市消费比农村要高很多，相对城市的孩子来说生活比较困难。在北京的居民区随处可见卖菜的摊子，卖菜的大人身后，经常可以看见流动儿童的身影。二是就读学校无论从规模条件到办学质量整体来说处于中下层次。虽然现在明确有政策保障，但由于种种原因，流动儿童只能享受较低层次的学校教育，加之居住条件和周边环境往往比较差，还存在交通、治安、卫生等一系列问题，公共服务设施特别是教育资源普遍

缺乏。三是由于农民工的流动性较强，其子女随着父母流动，学校更换、环境变化要求孩子有较强的适应能力，教育的连贯性、系统性很差。家长和老师普遍反映这些孩子刚来时明显表现出不适应，自卑、孤独、学习赶不上，必须经过一段时间的调整期，有的

孩子在家里成绩还不错，但到了城里后明显下降。四是农民工本身缺乏家庭教育意识和相应的文化知识，加上生存的压力使得他们忙于生计，无暇关注孩子的学习生活，对孩子的监护不力，孩子的需求往往得不到合理充分的满足。正因为如此，流动儿童学习条件较差，家长辅导不力，从而影响学习成绩。例如经常阅读课外读物的流动儿童只占35%，他们或者是没有意识到课外读物对于提高自身素质，扩大自身知识含量的作用，或者是因为家庭不太富裕，无力购买价格不菲的课外读物。

流动儿童耽误的不仅是自己的学业和前途，而且可能给未来社会带来隐患。他们的成长面临着无法预知的变数，户籍制度以及由此产生的身份差别、城市繁荣的诱惑与拒斥，在他们眼里如何反映，在他们的心灵里留下了什么？这些都是我们不能忽视的。

种种原因导致流动儿童家庭教育的价值观发生了扭曲。调查显示，绝大部分的家长认为学习很重要，可以改变孩子的前途和命运，但又无力提供如同城市孩子一样的学习条件，从而留下深深的遗憾，甚至是负面情绪。这也是许多流动儿童家长与学校与教师产生矛盾的诱发因素。他们认为自己的孩子是聪明的，只是命运不好，学习差的原因是

学校没有尽力，甚至认为是因为老师有偏见。还有很多家长带着无可奈何的情绪对待孩子的成长，虽然放任自流并非出自他们的本意，但也表明流动儿童教育的潜在危机。

流动儿童进入城市，对新生活环境的适应性如何呢？当调查问及对本地学生的印象如何与对所生活的城市和社区的印象如何时，60% 的流动儿童回答印象好，30% 的印象一般，10% 印象不好。调查结果表明，大部分的流动儿童对新的生活环境和身边的伙伴都能够适应。

对于今后想干什么，调查结果显示，所有孩子都希望自己长大以后有一份很好的工作和幸福的生活。他们都对自己的未来充满憧憬，有自己的奋斗目标和美好理想，人生态度积极，并没有因为现在所处的环境较差而对将来产生迷茫或者对社会不满。

关爱
留守儿童

在大量的学生作文中，孩子们写下了自己的生活经历和对生活的认识。他们对家庭、对父母、对流动生活、对社会、对自己、对学习和对学校等的态度和认识，真实地反映了他们的心灵世界，使我们能够从中看到他们的精神面貌。

流动人口往往是介于农民与市民之间的一个社会群体，他们是"户籍"农民，却又是"编外"市民。他们的孩子也是不同于城市孩子和农村孩子的一个群体，虽然他们在户籍上仍是农村人口，但他们比纯粹的农村儿童经历了更多的"城市生活"，而他们的城市生活又不同于纯粹的城市孩子。由于这种特殊的社会背景和家庭背景，他们比城市孩子和农村孩子经历得更多，也更早熟。家庭在这些孩子的心目中，最普遍、最深刻的印象就是：贫穷和父母的辛劳。一个孩子在作文中写道："……爸爸妈妈都是农民，每天早出晚归，累得他们还没到 40 岁，就满脸皱纹，皮肤黑黝黝的，看着像 50 多岁。我们生活得虽然苦了点，但是生活得特别幸福。有一年中秋节，我们没有多余的钱买肉包水饺，妈妈就买了点油条包水饺，没有钱买月饼，爸爸就用给他自己买鞋的钱买了点苹果给我们吃。虽然我们没有吃到肉水饺，没有吃到月饼，但是我们心里都特别高兴。"

也许越是在这样的家庭中，孩子越能够认识到生活的不易，因而也越能够培养起对父母的感激和对家庭的责任感。在孩子的作文中，常常会看到这样一些话，"我知道爸爸妈妈对我的关怀是无微不至的，我要好好学习，取得好成绩报答他们"，"我想，我长大了，要赚很多钱养爸爸和妈妈"，"我家是卖菜的，虽然很贫穷，但我一定会好好学习，一定要出人头地"。一个孩子在作文中写道："爸爸给我印象最深的是他去送烧饼，送完了烧饼马上就要做，手不停脚不住。每当爸爸妈妈做得满头大汗的时候，我真想说一声，爸爸妈妈，你们真是太辛苦了。不知道为什么，我又不想说了，我想把这句话一直留在心里。爸爸妈妈，你们一天做的事太多了，我长大了一定要把你们的养育之恩一点不漏地报答给你们。"

相对于其他社会群体，绝大多数进城务工人员的最大特点就是流动，流动生活便也反映在孩子的作文中："我的爸爸为了赚钱才来北京的"，"由于爸爸妈妈在家里的收入太低，便来到北京打工，我也被迫转学，来到了这个特殊的学校"。家庭的流动使这些孩子的教育过程也具有了流动性，而由于经济条件的限制，他们不能在教育上做更多的选择，许多孩子都曾有过或长或短的辍学经历，而至今还有很多这样的孩子徘徊在城市的校门之外，从下面这篇作文片段中，我们不难看到这些孩子曲折的就学过程："……我姑姑在昆明，后来我家就到昆明打工。昆明找工作很难，后来父母就卖盒饭、卖水果、烙大饼。父母整完了他们的事，又为我的事操心，因为我在昆明上不了学，找不着学校，昆明的学校学费太贵了，差不多得一两万。后来听人说有一个打工子弟小学，我们就去学校跟校长说，校长不同意，我妈又把我送回了老家上学……过了一个学期，该上六年级了，我又来了昆明，去打工子弟小学跟校长说，后来校长说考试能考上就能念，最后我考上了就在这里念书了。我妈妈和爸爸为我操了很多心，我一定不能辜负他们的希望，好好学习。"

对于这些孩子来说，学习机会是来之不易的，他们的天然受教育权利取决于家庭的经济条件，取决于社会能不能允许和提供给他们机会。

绝大部分外地进城务工人员处于中国社会底层，他们的生活缺乏规律，也没有稳定感，对成人来说这种生活就是忍耐和拼搏。而孩子们首先要摆脱的是被歧视感和漂泊感，他们的人生观中有着极强的个人奋斗色彩。他们的经历使他们对于这个社会的态度和认识不同于家庭优裕稳定的孩子们，一个孩子在作文中写道："我知道爸爸挣钱不容易，我知道这个社会不公平。"有的孩子甚至说："我恨我们那里的领导。"这种处于萌芽状态的批判意识直接出自于他们所实际感受的社会生活，这比任何宣传教育都更有力地影响着他们的头脑，在这些孩子的作文中，经常会看到这样的内容：

"我的家是很贫穷的，这几年能吃上饱饭，是因为爸爸和妈妈都来到了城市。""我爸爸在老家是个种田人，就靠着几亩地过日子，生活越来越艰难，就来到了城里。"随着改革开放，外地进城务工人员怀有改变自身社会处境的强烈愿望，他们通常寄希望于下一代，孩子在作文中写道："爸爸每天休息的时候对我说，孩子，你要好好学习，长大不要和我一样，做这么苦的事。"目睹当前的社会现实，有的农民工这样要求自己的孩子："他们希望我当个什么官，既有权，又有钱……"所以，对这些孩子来说，学习是改变自身生存处境的一种出路，"穷则学，学则变"，对于一切出身下层社会有志向的孩子来说，恐怕都是如此。"我很爱学习，如果学好考上了大学，能报答父母养育之恩，他们每天在外边赚钱供我们上学……学好了，将来不管在哪个地方干活，也有些才能。我的爸爸妈妈是卖水果的，每天早出晚归，一天也赚不了多少钱。我爸爸妈妈希望我将来能考上大学，别像他们一样每天在外面干苦力。我爸爸妈妈也很关心我的学习，他们一有时间就教我，帮我复习功课。我打

算中学毕业后去打工，因为我就是想上学，家里也没钱，我也很想上大学。""我非常喜欢学习，因为现在是竞争社会，我的爸爸妈妈都想让我考大学，然后找份好工作，不像他们那样没文化，找不到好工作，只能扫马路，又累又脏，工资又少，一个月的钱给我们交学费、吃饭、交水电房费就没了……我也想考上大学，学好本领，自己找一份好工作，让爸爸妈妈过上好日子，再也不让他们扫马路、打扫卫生了。"

从以上的表白中我们可以意识到流动儿童的心灵受到的压力和经常性的伤害。但是贫穷并不天然地与暴力和反抗伴随，贫穷只是直接产生改变现实的愿望，而当努力遭遇不公平时，首先产生的是对公平的渴望，当这种愿望长期得不到满足时才会产生激进和反抗的情绪。而消除激进与对立的前提是要追求一个公平、公正的社会环境。当资本和权利之光长期照耀不到底层的时候，当改革和发展不能被社会上的大多数所分享，不同社会群体之间的断层线就会出现。外地进城务工人员对这种断层的体验最为真切，他们对公平公正的吁求也最为急切。

现阶段，我国的经济正在健康快速发展，人民生活水平有了大幅度的提高，虽然收入分配不均衡、贫富差距悬殊的现象仍然存在，但肯定会得到改变。

对于流动儿童，最受瞩目的是作为一个城市的边缘群体与城市的融合问题。突出表现为以下几个方面：切实保证流动儿童受教育的权利并给予法律和政策的保障；避免在流动过程中辍学和失学；义务教育体制职责明确，管理到位，经费落实；改革现行户籍制度，适应人口流动需求；学校做到教育公平，消除对流动儿童的歧视，改善学校办学条件，另外还有一个特别重要的问题，就是提高家长的教育素质，提升流动儿童家长的教育水平。

警醒：一切为了孩子

对于流动儿童的家长来说，在城市中生活不仅仅要承受生存、就业的压力，也面临着孩子接受正常教育的压力，而且家长的生存状态和选择很大程度上决定着孩子的受教育状况。

流动儿童的教育需求会越来越大。首先从总量上来看，进城务工是脱贫致富的基本路径，流动仍非常频繁，对于相当一部分的打工者来说，因为只有在同一个地方时间比较长，才能获得相对稳定的社会资源和降低流动的成本，一旦找到适合自己的空间，他们会倾向于在某个城市长期居住，心态逐渐趋稳。调查结果显示，相当一部分流动儿童的家长被问及未来的打算时，明确表示想长期在城市生活，乃至在城市安家，移民倾向渐趋明显。如果总的趋势不变，随着留在城里的打工者进入生育年龄的数量逐渐增多，学龄儿童的总数会进一步增长。

因为流动儿童的家长从事的职业主要是个体经营、雇工、散工等，卖菜、卖小商品、卖食品的比例最大，然后依次为建筑、装修、收废品、保洁员等，基本上属于高强度、低收入的职业，生计艰难、积蓄有限，用于教育的投资明显不足。某些生活比较困难的家庭，由于没有满足处于生长旺盛期的孩子在饮食方面所需的营养，所以仅仅 25 分钟的出操时间就会令一些没有合理进食早餐或不进餐的孩子晕倒。很多家庭居住条件差，孩子没有自己的独立学习空间，甚至在货物堆旁搭个小桌、床上铺块木板就是孩子写作业的地方，由于学生读书、写字的姿势不正确，导致写字潦草、用眼不健康、注意力不够集中。更有甚者，十几岁的孩子仍然和父母、兄弟姐妹混居同一间屋，混睡在同一张床上。这样简陋的生活环境使他们在生理、心理上不能得到科学的引导和有效的发展。

有的孩子家中没有图书，没有电脑，因此眼界狭窄、思想单一。当然，也有不少孩子由于家庭收入相对较高而能够拥有良好的学习环境和条件，如他们有自己的学习房间，有一定数量的课外读物，能够在课余时间从事一些自己喜欢的技能培训，如声乐、舞蹈、器乐、围棋等，甚至有足够多的零用钱，但他们同样缺乏家长科学有效的直接教育。

在调查中我们发现，流动儿童对自己家长的评价是多元的，很多孩子认为多数家长不能"以身作则"，对孩子多采用"说教"形式，体罚与溺爱宠惯的现象普遍存在，教育孩子的时候比较情绪化。

有一所基本都是流动儿童的小学，老师在与学生谈心时学生告诉老师，到附近的集贸市场里买东西千万不要去××号摊位和××号摊位，因为这些摊位经常缺斤短两，坑害顾客。老师很诧异，问他为什么这么清楚，学生告诉老师，这些摊位都是自己家长和老乡设立的。

家长不诚信，如何让孩子讲诚信？

流动儿童的家庭教育缺乏的绝不仅仅是对孩子学习能力的辅导和学习成绩的提升，更重要的是孩子的道德行为与习惯养成。

家长要有两个正确对待的态度，一是正确对待自己，要着力改变在教育子女方面的自然和原发状态，避免说话粗俗，不遵守公共秩序，随地吐痰，乱扔垃圾等不良行为的影响，与学校教育有效配合，改变"孤军作战"的状态。二是正确对待孩子，认识到自己子女"懂事"，有良好的自强自立意识的一面，但也有孤僻、自卑的性格倾向和与社会对立的不良情绪的一面。家庭经济状况在一定程度上决定了家庭教育环境的创设。家庭教育的落后影响和阻碍了孩子的健康发展，但同时家庭生活的艰辛又给这些孩子创建了特殊的生长环境，使他们从小就懂得要珍惜今天的学习机会，养成了孝敬父母、勤劳朴素、不怕吃苦的良好品质。家长要给予他们健康、积极、向上的教育，不但义不容辞地担当起教育的责任，而且要学习和运用科学的教育理念和方法。

"再苦不能苦孩子"是普遍的共识，但还要做到"再穷不能穷教育"。

流动儿童的家长要加强对孩子健康心理的塑造，要通过各种方式打掉孩子思想深处"矮人一头"的想法，树立自信意识、集体意识和利他意识，和同学比学习、比进步、比健康，努力给他们创设展示自我、寻找成功、体验快乐的机会，提高他们的自信心，让他们看到自己家乡的纯美与质朴、傲人成就和变化，激发他们作为家乡人的自豪感。

家长要特别重视良好行为习惯的养成教育，例如可以和孩子一起读书，诵读古诗文如《弟子规》《三字经》等，从中领悟中华民族几千年的文明积淀，学习各种礼仪，树立起对做一个文明少年的向往与追求，注意引导孩子在实践活动中循序渐进地规范自己的言行，辅导孩子针对自身、家庭、社会中的不文明行为对照分析，分清丑美对错，鼓励孩子从小做起，从家庭做起，做文明小学生。

要提升孩子的综合素质，家长就要舍得投资。投资要讲究科学，不是比吃比穿比玩，而是加大在教育上的投入，理性地满足孩子的学习需要，例如激发孩子善读书、乐读书的兴趣，可以带孩子经常进图书馆和书店，鼓励孩子在书的海洋中遨游；为了扩大孩子的知识面，假期可以带孩子走进博物馆去增长见识；为了让孩子了解社会还可以带领孩子走出家庭，通过参观、考

察等手段感受社会的发展进步，感受人类智慧的结晶，感受大自然赋予我们的美丽风光，使孩子受到良好的文化熏陶，学知识、长见识。

由于外来务工人员的劳动强度较大，家长可能抽不出更多时间陪孩子，但要尽可能地亲近孩子，要舍得抽出一定时间和孩子在一起，"时间就像海绵里的水，只要你愿意，总还是可以挤出来的"。

家长还要特别重视对孩子进行独立生活时自我保护意识的教育，从"找一找"入手，帮助孩子找找身边的意外伤害的隐患，提高孩子的防范意识，学一学在漏电、火灾等意外事故发生后的自救方法，树立孩子自我保护的信心。

家庭教育只有与学校教育、社会教育形成合力，才能取得事半功倍的效果。家长要深知育人为本、和谐为先、合力为贵的道理，多与教师联系、多到学校走访，使家庭教育与学校教育相得益彰。要鼓励自己的孩子热爱集体，热心为集体服务，学有榜样，接受帮助，争当文明小学生。

06 一个令人头疼的话题：孩子减负了吗

这个话题之所以令人头疼，是因为家长都懂得通过减负促进孩子健康成长的道理，但当学校真的开始落实国家减负令，动了真格的时候，家长又抱怨课时少、作业少，自觉不自觉地将减下来的空间和时间通过各种方式填补起来，出现了"教师减负，家长增负"的现象，使得减负难过家庭关。

有人说：当代中国最累的群体是中小学生，他们被称为现代少年"愚公"。你看那越来越沉的书包，应付不完的考试，每天一大堆的作业……越是毕业年级，越是边远地区，上学的时间就越长，学习负担就越重。顶着星星走，伴着月儿归，一天下来，孩子们疲惫不堪。个别学校毕业班的学生，在考完最后一科后，振臂高呼：解放啦！更有甚者，竟当场将书本撕得粉碎。

为保护学生的身心健康，国家教育部多次明确提出减负要求，甚至制定了行业法规。2013 年 8 月 22 日，教育部拟定的《小学生减负十条规定》在全社会公开征询意见。这是力度最强的减负规定。

"十条规定"包括入学政策、作业规定、考试要求、补课现象和其他要求，并强调各级教育督导部门要对减负工作定期开展专项督导检查，每学期公布督导报告。县区教育行政部门要严格责任追究，对加重小学生课业负担的有关负责人和直接责任人进行问责。教育部相关负责人指出，减轻学生过重课业负担是一项复杂的系统工程，需要政府、学校、家庭、社会的共同努力。

疑问：减负的关键在哪里

"不留作业"是"十条规定"的重要内容之一，不过是家长们难以接受的。"规定"是这样的："小学不留书面式家庭作业，可布置一些适合小学生特点的体验式作业。积极与家长、社会资源单位联动，在确保安全的前提下，因地制宜地安排学生参观博物馆、图书馆、文化馆等社会设施，组织参加力所能及的手工劳动、农业劳动。"

"规范考试"同样受到家长的高度关注："一至三年级不举行任何形式的统一考试；从四年级开始，除语文、数学、外语每学期可举行1次全校统一考试外，不得安排其他任何统考。每门课每学期测试不超过2次。考试内容严禁超出课程标准。"

减负令一出，争议顿起。

老师担心成空谈，原因是："当高考的指挥棒牢牢掌握着孩子的命运时，减负只能是空谈。""从小学到高考是一个连续性非常强的教育过程，小学减负了，中学课程仍然不变，家长怎么能让孩子放下负担？"

校长担心砸招牌，原因是："很多学校追求升学率，学校里学生成绩与教师绩效工资密切相关，老师负担减不下来，学生的负担又怎能减下来？"

专家担心无效果，原因是："在目前教育资源分配不均衡情况下，减负不可能一蹴而就。""不论是家长还是学校，更多偏重的都是儿童的认知层面的成绩，而对于儿童心理层面的关注长期缺位。"

家长呢？

家长担心孩子跟不上。为了孩子可以进入一所优秀中学，从课业到特长，加班加点学习成了家常便饭。看到孩子这么小就这么忙碌，家长也心疼。但孩子们现在轻松了，到了升初中的时候怎么办？有的家长认为过去一直喊减负，结果无论是哪个升学阶段，都得拿考试成绩说话，减负实在让人轻松不起来。

学生负担重是个顽症，年年都在抓减负，年年都抓不好。原因何在？

"考考考，老师的法宝；分分分，学生的命根。"这是几十年广为传唱的"校园民谣"，唱到现在，生命力依然很强大。

现代少年"愚公"对此有着满腹牢骚：社会呼吁减负，但对于我们这些直到深夜十一二点才肯罢休的"夜猫子"来说，根本是些不痛不痒的废话，因为来自各方的压力都使我们不得不在题海中苦斗。首先，我们要面对学校老师的压力。在许多老师的眼中，好的成绩等于做多多的作业。于是，习题似乎成了他们唯一的也是最有效的法宝。面对有些学生的抱怨，老师们总会说："我只布置了两张卷子，根本就没多少。"但不知老师们是否计算过"2+2+2……"？当一个学生面对成倍的"2"时，想不熬到深夜也不行。其次，是家长对孩子的期望。也许普遍都是独生子女的缘故吧，父母对自己的孩子总是有着万分期盼。望子成龙、望女成凤，出于那份残酷的"爱"，只好拼命让孩子学、学、学……摆在孩子面前的是作业堆积起来的"山"，等着孩子不断开垦。可孩子已经变得筋疲力尽，孤身一人面对不断增高的"山"，只好哀叹何时才能"指通豫南，达于汉阴"呢？

课业繁重的根本原因在于残酷的应试教育。这是客观现实，也是社会共识。学校怕考试，因为统考成绩决定学校的声誉，主宰校长及管理人员升迁的命运；教师怕考试，因为考试成绩决定他们的面子、位子（职称和待遇）和票子（奖金和补贴）；家长怕考试，因为对他们的孩子来讲，几乎是一考定终身，尤其是平民百姓特别是农村百姓，关乎孩子的前途和命运，也关乎家长的面子和光宗耀祖以及改变家庭命运的可能。其实，最怕考试的是学生，考试带给学生的心理压力是很难被别人所理解的。在一次次考试面前，学生被剥夺了自由，践踏了个性，压制了兴趣，牺牲了健康。死记硬背、生吞活剥是学生应付考试的普遍方式。校长批评教师，通常是："你看看，你们班的成绩怎么这么差？"教师批评学生："你看看，你的成绩怎么这么差？"教师批评家长："你看看，你的孩子成绩怎么这么差？"家长批评孩子："你看看，你的考试成绩怎么这么差？"上面千根线，下面一根针，到了学生那里，只有"低头认错，老实交代，诚心检查，保证改过"的份了。

现代社会中有很多奇怪的现象，以学校和家长的关系而言，本来应该是平等的。理论上讲，学校教育和家庭教育是儿童素质教育不可缺少的重要组成部分，是相互配合、相互结合、相互补充的关系。作为家长和教师，应该经常联系，平等对话，共商孩子的教育大计。但不知从什么时候开始，这种平等的配合关系变了，由于学校、老师、家长都怕考试，所以家长最怕教师发出"知道孩子在班里考试排第几吗？如果再不抓，后悔就来不及了"的警告。其结果是老师和家长一起给孩子的学习加码，对孩子造成伤害。

"月儿弯弯照九州，几家欢乐几家愁，几家孩子挨训斥，几家孩子泪水流！"万家灯火中，不知有多少家长和孩子无法安然入睡。

畏惧：孩子不能输在起跑线上

"昔孟母，择邻处""爱其子而不教，犹为不爱也""父母之爱子，必为之计深远"，提起家庭教育，中国自古就有不少典型案例和名言警句。许多父母都认为，孩子是自己的，如何教育是自己的事。所谓"虎妈""狼爸"就是眼下对严苛父母的一种称谓。"中国虎妈"蔡美儿以及培养"一门三北大"的著名"狼爸"萧百佑是其中的典型代表。

中国"虎妈"蔡美儿，1962年生，祖籍福建。其父获麻省理工学院博士，就职于加利福尼亚大学。蔡美儿幼年随父母移民美国，获哈佛大学文学学士、法学博士学位，现任耶鲁大学法学院终身教授。

蔡美儿为两个女儿制定了十大戒律：禁止在外面过夜，禁止参加玩伴聚会，禁止在学校里卖弄琴艺，禁止抱怨不能在学校里演奏，禁止经常看电视或玩电脑游戏，禁止选择自己喜欢的课外活动，禁止任何一门功课的学习成绩低于"A"，禁止在体育和文艺方面拔尖，其他科目平平，禁止演奏其他乐器而不是钢琴或小提琴，禁止在某一天没有练习钢琴或小提琴。

蔡美儿自称"采用咒骂、威胁、贿赂、利诱等种种高压手段，要求孩子沿着父母为其选择的道路努力"。索菲娅（中文名蔡思慧）18个月就认字母表，3岁阅读《小妇人》，开始弹钢琴，14岁就在卡内基音乐大厅弹钢琴，17岁已被哈佛和耶鲁录取，决定上哈佛大学。露露练小提琴，12岁成为耶鲁青年管弦乐团首席小提琴手。成年后，露露改打网球，裁判评价她"是不付出110%的努力决不罢休的小姑娘"。

在蔡美儿的管教下，7岁的女儿因为一首钢琴曲弹不好，就被强迫从晚饭后一直练到深夜，中间不许喝水或上厕所。这种苛刻的教育方法，被蔡美儿写进自己的一本书里，书名为《虎妈战歌》，出版后引发了全世界对东西方教育方式的大讨论。

蔡美儿认为自己是用所受的中国式教育管教了两个孩子，她不准孩子任何一门成绩低于"A"。大女儿索菲娅在五年级时，有次乘法速算测试得了第二，回家后蔡美儿每晚让她做20张试卷，每张100道速算题，她在一旁掐着秒表计时。经过一周强化训练后，索菲娅次次稳拿第一。小女儿露露有次没做考试加分题，蔡美儿告诉她家教良好的孩子都应做加分题，正是这些实实在在的分数将优秀和平庸区别开来，使两个女儿保持着门门功课皆"A"的全优纪录。

蔡美儿和丈夫签有协议，丈夫不能干预蔡美儿对孩子进行所谓的中国式教育。

是什么原因使蔡美儿实施这样的严酷教育呢？蔡美儿说：在美国，亚裔移民有"富不过三代"的魔咒：一代移民终于实现了"美国梦"，省吃俭用将所挣的每一分钱和巨大的精力投资在孩子的教育上。第二代移民因父母的巨大投入而相对优秀，但他们教育孩子也因此不太严厉了。第三代移民的生活很舒适，有一群成绩B+的朋友，认为个人权利受宪法保护，不愿付出辛苦，就会走下坡路。我是移民二代，我想打破亚裔富不过三代的"魔咒"。

蔡美儿相信孩子最终会理解自己。

"狼爸"萧百佑是广东人，现已年过半百，毕业于暨南大学国际金融专业，是奢侈品行业的从业者，同时也涉足地产。因其"三天一顿打，孩子进北大"的口号而被称为"中国狼爸"。

萧百佑的4个孩子中的3个被北京大学录取，他的教育口号是"三天一顿打，孩子进北大"，只要孩子的日常品行、学习成绩不符合他的要求，就会遭到严厉的体罚。2011年11月14日，"狼爸"萧百佑做客江苏教育电视台的《现在开讲》，他的教育观在现场遭到南京众多专家、学者的尖锐质疑，不过"狼爸"毫不示弱，坚称自己是"全天下最好的父亲"。

萧百佑的长子萧尧出生于1989年，与长女萧君都生于香港，老三萧箫、老四萧冰出生在美国。三个年长的孩子现在全部考上了北大，最小的萧冰正在读高三，学习古筝的她，目标是中央音乐学院。"我的孩子读的是最好的幼儿园、最好的小学、最好的中学，大学也必须是最好的大学。"萧百佑说，"在我的家里，孩子最大的成功就是考北大。"

萧百佑也写了一本书，叫作《所以，北大兄妹》，讲述自己的教育经验。"狼爸"说只要他提出的要求，孩子们必须无条件服从、遵守。为了培养孩子艰苦朴素、勤俭节约的生活作风，萧百佑规定，不许喝可乐，不能吹空调，不能随便打开冰箱门。至于零用钱更是没有，因为不能私自购买任何东西，即使拿到压岁钱也得悉数上交，等到念大学时再由父母返还。

在"狼爸"萧百佑眼中，"打孩子"不仅是家庭教育中不可缺少的环节，而且是"最精彩的一个部分"。在节目录制现场，萧百佑带来了他管教孩子的重要工具——鸡毛掸。他认为，自己学生阶段的成功主要受益于母亲"动辄就打"的教育方法，所以在教育自己的孩子时，他选择了延续家族传统。

萧百佑说："打孩子不是像说得那么简单。根据我的经验，要打得科学，打出艺术并不容易。那什么是科学地打呢？我认为，是明家规、定尺度的家法。孩子们知道怎么做是对的，怎么做是错的，错的是新错还是重犯。错了打哪里，打多少下，打的时候不能有不良的反应。打完之后要孩子表述受罚后的决心。"萧百佑认为，孩子身上有三个特性：动物性、人性、社会性。在 12 周岁之前，孩子身上动物性的特征表现得比较强烈，必须用"打"的方式才能让孩子懂得是非道理。"所以在孩子 12 岁之前，我都是以打为主。"萧百佑说，"但孩子到了 12 岁，为人品行已经基本成型。此后，我就不会对孩子动手，而是完全依靠说教。"

对于"虎妈"和"狼爸"教育孩子的方式，见仁见智，说法不同，不少家长也纷纷效仿，可见他们都不太欢迎减负，认为孩子只有整天埋在书堆里才放心，这是为什么呢？

答案是：孩子不能输在起跑线上。

北京烤鸭，天下名食。大家都知道，北京鸭是填出来的，吃不吃的自由不属于鸭子，鸭饲料团成球，抓住鸭脖子，强迫张嘴，一填再填，不吃不行，很快，鸭子就长肥了。挂炉也好，吊炉也罢，烤得香喷喷，片下来油汪汪的，用薄饼蘸上甜面酱，裹上葱丝、鸭肉，大快朵颐，美哉美哉！但让你连吃几顿，保你这辈子都会敬而远之。

填鸭式的学习，付出的是孩子们的身心健康，收获的是高分低能。

在不能输在起跑线上的口号下，家长们大多采取的是填鸭式的教育方式。慢慢地，孩子对学习失去了兴趣，对自己失去了信心，一个个问题由此而生。许多家长表示，自从孩子上了小学之后，各方面的压力就呼啸而至，加上"独生子女输不起"这类思想作祟，几乎都沦陷成了"准虎妈"。现在的小学老师布置的许多作业都需要家长参与才能完成，比如检查作业，听写单词、课文等。"为了不让孩子在学校被责罚，只好做'虎妈'，一遍遍逼迫孩子练习了。"为了让儿子不输于人，各种培训班自然也是少不了的，周末时间都排得满满的，几乎休息不成。

拔苗助长的故事家喻户晓，妇孺皆知。违背孩子身心成长的客观规律，主观地、强制地去要求孩子学习，无异于拔苗助长，这个道理家长应该明白并力戒之。

对孩子而言，学习没有全身心的自觉投入，会变得索然无味。教育一旦失去了对被教育者的吸引力，就会产生相反的效果！无端的施压和不切实际的强求，最终往往可能酿成不可挽回的悲剧。重庆开县年仅13岁的苗苗，家里两代单传，他是家中唯一的"香火"，父亲因文化不高而下岗，所以在学习上对苗苗期望很高，总希望孩子有朝一日能够光宗耀祖。2001年3月19日晚，苗苗由于自己没法完成家庭交给他的重任，留下4封遗书服毒自尽了。在给他妹妹的遗书中，他希望妹妹能考上清华大学，去完成父亲让他完成而没能完成的任务。辽宁鞍山市的一位母亲，为了孩子能出人头地考出好成绩，把儿子"关"在一个小屋内，不准孩子出去玩，更不许孩子看电视和其他任何课外读物。就在离高考还不到4个月的时候，儿子没有像她所预想的那样刻苦学习，当一次偷偷跑进录像厅被母亲发现后，他离家出走了。

在关于"虎妈"和"狼爸"引发的大讨论中，我们总结了几种基本的观点：

一、用"打"的体罚方式，让孩子懂得服从。本质上是用暴力强迫孩子服从自己的意志。用这样的方式培养的孩子，只会成为唯唯诺诺，没有独立思想的人。"狼爸"培养出来的很可能是"羊子""羊女"，本质是一种"奴性教育"，孩子的性格会受到扭曲。萧百佑打孩子与孩子考上北大，这两者之间并非存在必然联系，所以不值得提倡和推广。

二、"狼爸"的儿子萧尧曾说过："记忆里，只有一次毫无顾忌地玩，让我感觉到童年的无忧无虑。真希望这样的生活能在童年里多出现几次。爸爸无疑是成功的，但我们也失去了童年时该有的快乐。"在"狼爸"萧百佑的管理下，孩子不可能有一个快乐的童年，他们的内心世界并不一定如外表那般光鲜靓丽，他们心里也许比较压抑、痛苦。无论怎么"打"，都会对孩子心理造成伤害；一个成年人打一个孩子就是以强凌弱的表现。

三、中国注重学生掌握的"知识量"，培养孩子吸收知识的学习行为和接受能力。

中国基础教育的"童子功"是多学、多练、多记、多考；美国注重学生的批判性思维、独立思考、创造性、发现问题和解决问题的能力、学以致用的实践能力。美国基础教育的"童子功"是多看、多问、多想、多干；中国老师上完课会问："还有问题吗？"学生没有问题就是最佳。美国老师上课学生没有问题，恰好说明老师教学有问题。中美教育方法不同，应该相互借鉴。但"虎妈""狼爸"的方式非常值得我们深思。

四、中国基础教育最根本的特点是以考试论英雄，中国孩子在学校里要做太多的作业，要考太多的试，要背太多的文章，几乎没有任何可以自由支配的时间来满足自己的爱好。用12年的宝贵时光，部分学校很可能只培养了学生死记硬背应付考试的能力，而人的实际能力，以及在其解决问题中的创造力却被严重忽视了。

五、1000个孩子有1000种教育方法。不管是中国还是美国，东方还是西方，只有面向世界、面向未来，积极吸收人类文明的一切优秀成果，借鉴世界上先进的办学理念、教学方式和管理经验，结合各自的国情，才能使各国的教育得到蓬勃发展。不论是"虎妈"，还是更早前的"哈佛女孩""耶鲁男孩"，这些都是个案。他们的成功是建立在许多不成功个案的基础上的。我们看到的是成功的案例，但我们看不到按照同样方式培养的并不成功的孩子，至少是世俗的眼光中不成功的孩子。因此，所谓"虎妈"之类的教子方法，

并不具备指导和推广意义。教育是个体化的内容，只有根据孩子的特点实施的教育，才是最合适的教育。

六、在孩子的成长过程中，家长应在孩子自主选择的基础上，给孩子更多的专业训练和培养。家长需要做的是等待孩子自主做出决定，用专业的眼光帮助孩子进行选择、判断，而不是逼孩子成才或者规划孩子成才。家庭教育没有中西方之分，不管是虎妈妈还是猫妈妈，尊重孩子，和孩子共同成长，才是家庭教育的核心。

孩子的成长是个全面的过程，今天的"圈养"是为了最终的"放养"，今天的扶持是为了将来的放手，让孩子独立快乐地生活是家庭教育的最终目的。

减负是个综合工程，需要学校、家庭和全社会的共同努力。

忠告：不做"虎妈"和"狼爸"

据中国教育科学研究院对北京、黑龙江、江西和山东四省市 2 万名家长和 2 万名小学生进行的家庭教育状态调查结果显示，很多家长只关心孩子的健康安全、学习成绩等现实性因素，对兴趣爱好、性格养成等发展性因素的关注度较低。中科院心理研究所曾对北京 1800 多名家长进行了 3 年的跟踪调查，结果显示，三分之二的家长教育不当。不当的家庭教育直接导致子女的心理问题、思想问题甚至青春期出现的问题，如果这些问题无法得到恰当的解决，就会使子女在问题中成长。急功近利的家庭教育观必然会导致严重的后果，学生斗殴事件、自杀事件不绝于耳，且呈现低龄化趋势。我国青少年在社会转型时期出现的道德失范、心理失衡等问题无不与家庭教育的缺失或急功近利的家庭教育观密切相关。

不做"虎妈""狼爸"是社会对家长的呼吁，也是教育对家长的要求。

2015 年，教育部发布的《关于加强家庭教育工作的指导意见》引发广泛热议，并被称为家庭教育的"国家标准"。指导意见中明确了家长在家庭教育中的主导地位，同时也强调了学校在家庭教育中的重要作用。在新时期家校互动的全新环境中，究竟怎么才能成为一名好家长，完成其独一无二的"使命"？

从困难和问题出发，教育部在指导意见中对如何做一名好家长做出了具体的规范，要求家长在教育孩子过程中要严格遵守孩子的成长规律。比如，学龄前儿童家长要为孩子提供健康、丰富的生活和活动环境，培养孩子健康的体魄、良好的生活习惯和品德行为，让他们在快乐的童年生活中获得有益于身心发展的经验。小学生家长要督促孩子坚持体育锻炼，增长自我保护知识和基本自救技能，鼓励参与劳动，养成良好的生活自理习惯和学习习惯，引导孩子学会感恩父母、诚实为人、诚实做事。中学生家长要对孩子开展性别教育、媒介素养教育，培养孩子积极的学业态度，与学校配合减轻孩子过重的学业负担，指导孩子学会自主选择。

值得注意的是，在指导意见中，教育部对家庭教育画出了"红线"，即切实消除学校减负、家长增负，不问兴趣、盲目报班，不做"虎妈""狼爸"。家长不仅要全面学习家庭教育知识，系统掌握家庭教育的科学理念和方法，还要重视以身作则和言传身教，时时处处给孩子做榜样。

家长怎么去教育孩子？很多家长无所适从。

望子成龙、望女成凤是每一名家长的愿望，大多数中国父母都希望自己的孩子生出来就是个天才，并且按照天才的方向来培养，要孩子学音乐、学艺术、学绘画，变成所有同学中最好的。相对而言，国外的父母更加关注孩子的健康成长，他们很少把孩子当作一个成功人士来培养，而是认为成功不成功其实在于孩子的天资，让他自然发挥就行。最好的家长应该是心平气和地接受自己孩子的现状，还能在现状中体会到某种快乐，并且能够抽出时间和孩子在一起，给孩子提出合理的要求，同时能心平气和地带着孩子往前走的家长。孩子在这样的家庭环境中往往成长得比较快，心理也比较健康。

家长要做好三件事，孩子就不会输在起跑线上。第一件事情，要确保孩子的安全感。孩子从出生到五六岁之间的安全感，决定了他一生是不是身心健康，对于孩子未来长大后是否愿意去闯荡世界，也特别重要。有些年轻父母觉得，孩子还不懂事，所以在孩子面前吵架没事。其实，这个伤害是非常大的。真正的记忆从 5 岁就开始了。第二件事情，要给孩子定规矩。遵守规矩的习惯是从 1 岁至 6 岁期间真正养成的，父母给孩子定的规矩一定要合理。两岁的孩子知道把自己

的玩具放回到应该放的筐里去并且养成习惯，这个父母定的规矩产生的行为，会伴随孩子终身并使其受益。父母引导孩子怎么玩，怎么保持干净，怎么收拾好玩具，一定要给孩子鼓鼓掌，竖竖大拇指。第三件事情，要让孩子喜欢上读书。从父母讲故事开始，到最后孩子认字，自己开始读。从 1 岁就可以开始给孩子读，两岁的孩子基本能听懂这些故事的大部分内容。孩子的语言能力和理解能力其实非常强。

如何填充孩子减下来的时间？

为了拓展孩子的知识面，家长让孩子参加很多兴趣班，给孩子造成了沉重负担，而且增加了家庭经济负担。许多家长之所以十分热心给孩子报兴趣班，是认为这是不让孩子输在起跑线上的重要举措。当孩子对某一学科怀有浓厚的兴趣时，即便要上课、做作业、考试，也心甘情愿。孩子中不少是电脑通，他们又何尝把学习计算机当成负担呢？可见，学习并不是负担的根源，关键要对学习产生兴趣。减负就是要减掉应试教育中不能提起学生兴趣的重复性的机械练习，使学生积极主动地投入到学习中，这样才能真正达到减负的目的。从家长的角度来讲，兴趣班要根据孩子的个性来选择。

比如孩子比较内向，应该让孩子学舞蹈、唱歌，将孩子内向的那一点稍微淡化一些；比较多动、外向的孩子，可以去学学围棋，学学象棋，将孩子的性格稍微往下沉一些。当然，孩子真正的爱好是顺着个性往前走。上兴趣班是为了让孩子的生活更丰富、成长更快乐、学习更科学。

家长要善于挖掘孩子潜在的发展空间而不是简单地设定和安排自己认为的模式，否则会失去教育主角，没有主角的戏，演得再辛苦再热烈也没用。我们的教育失败，最重要的原因就是使孩子丧失了对学习的热爱。孩子"厌学"，厌的不是知识，是我们给他们提供的那套模式。家长要用心研究减下来的时间内用什么东西充实孩子，注重培养学生的自我学习能力、自我生活能力、社会交往能力。减负后，学生放学早了，作业少了，如果不教给他自我学习、生活的能力，学生就不知道该干什么。孩子玩儿的时间多了，就需要有人指导他们玩的知识，在玩儿中学、在学中玩儿，这就给家长提出了新要求。

课程少了，作业少了，属于孩子的时间多了，其实还有很多新东西要学，减旧的增新的才符合教育规律。减负说到底，是要尊重孩子，尊重孩子的情感、个性和兴趣；尊重教育，尊重教育的方式和规律。

为了推进素质教育的深入实施，切实减轻学生过重的课业负担，提高课堂教学效率，促进学生全面、健康而有个性地发展，我们建议家长：

1. 支持学校按照教育部颁发的课程计划认真组织教学活动，严格按照各学科课时量安排教学，监督学校不得以任何理由增减课程和课时，不随意调课让课，不随意剥夺学生的上课权；严格按照国家颁发的课程标准开展教学，不随意加深教学内容，不随意提高教学要求。

2. 减轻学生课业负担，配合学校多管齐下，严格控制作业量，一、二年级不留书面家庭作业；三至六年级书面家庭作业严格控制在 1 小时以内。把握作业的合理性和科学性，倡导精练高效，根据巩固、提高、思考的

原则，家长要进行辅助与监督。

3. 严格确保孩子的休息和锻炼时间，尽量多督促孩子体育锻炼，确保每天至少1小时的体育活动时间。

4. 科学合理地安排孩子的作息时间，保证孩子充分的休息和睡眠时间。

5. 不为孩子购置学校规定以外的教材和教辅资料，不为孩子布置额外的家庭作业，鼓励和引导孩子生动活泼地主动地学习。

07 一个特别重要的话题：怎样才能做到安全第一

　　"爸爸快点儿，我上学要迟到了！"宝贝女儿甜甜在车前大声嚷道。"来喽来喽！"车锁弹开，爸爸钻进了汽车，迅速发动，汽车起步，嗖地一下窜了出去。只见爸爸左拐右拐猛超了几辆车。"爸爸，真牛。"甜甜望着刚超过去的宝来不无自豪地说。"那当然！"爸爸得意地把车开得飞快，不留意闯了红灯，被一位警察挡住了去路。"您好，请出示驾照。"爸爸懊恼地低下了头……

　　这是生活中极易发生的一幕。

　　公安部交通管理局 2017 年 1 月 17 日发布资料称：2016 年全国共发生货车责任道路交通事故 5.04 万起，造成 2.5 万人死亡、4.68 万人受伤，分别占汽车责任事故总量的 30.5%、48.23% 和 27.81%。另据人民网报道，北京 2013 年 1 至 6 月，全市共发生交通事故 1424 起，受伤 1542 人，死亡 373 人。时至今日，交通安全情况虽然大好，但也需要警惕再警惕。2017 年 2 月 28 日，交警整治东三环主路交通秩序，1 小时查获违法行为 48 起。各式各样的车辆塞满了东三环主路，车流缓慢向前挪动。车水马龙中，不时有车辆驶入应急车道以期快速行进，不时也有摩托车夹塞在车流中左突右进……这些行为让人看得心惊胆战，也极大地威胁着路面行车的安全和整体交通的顺畅进行。随着私人小汽车进入家庭，每年由于酒后驾车引发的交通事故达数万起；而造成死亡的事故中 50% 以上都与酒后驾车有关，其危害触目惊心，已经成为交通事故的第一大"杀手"。

　　调查表明，40% 的酒后驾车者"过高地相信自己的驾驶技术"，认为生日聚会、朋友交往、业务应酬喝点酒没关系，结果造成了严重后果。加上酒后驾驶者往往存在"侥幸心理"，认为自己不会出事，结果造成惨剧。而最可恨的是，这些醉鬼甚至会拉着自己的孩子上路。

　　《中华人民共和国道路交通安全法》明确规定，醉酒驾车属于犯罪，除追究刑事责任外还要予以处罚。

　　很多家长都是驾车者，经常都会驾车带孩子出去办事、旅游，接送孩子上下学，遵守交通法规是驾车者对社会安宁的贡献，也是家长对子女安全高度负责的表现。

　　由此引出了一个特别重要的话题：怎样才能做到安全第一？

责任：当好孩子的守护神

　　孩子是祖国的未来和希望，孩子能否健康成长，不仅关系到一个个家庭的幸福，而且关系到国家和民族的兴衰。所以，社会和家庭都有责任和义务保障孩子的安全，切实做到安全第一。

　　安全的范围很广，它包括文化安全、交通安全、食品安全、活动安全等。就拿交通安全来说，人们形容交通事故猛于虎。可是老虎再凶，也只能一口吃掉一个人，而交通事故则会一口吞噬几个甚至几十个人的生命。

　　2012 年 11 月 14 日早上 6 点，山西沁源县二中 900 多个学生在公路上晨跑时，一辆东风带挂货车向学生横冲直撞过去，造成 21 名师生死亡，18 人受伤。这一连串触目惊心的数字背后，有多少家庭失去了亲人，欢乐变成了悲剧，幸福化为乌有。在一起起交通事故背后，一个个家庭失去了顶梁柱，一个个白发人送走了黑发人，一个个孩子与父母永远分离。

　　盘点 2014 年十大小学生安全事故，的确触目惊心。2014 年 2 月 22 日，山西平遥 6 名儿童放学后结伴滑冰时，不慎落水溺亡；3 月 19 日云南省丘北县双龙营镇平龙村佳佳幼儿园 32 名学生疑似食物中毒，2 人抢救无效死亡；4 月 10 日，海南省澄迈县一所小学学生前往文昌旅游的客车发生交通事故，造成 8 名小学生当场死亡，32 人受伤；7 月 10 日，湖南湘潭市雨湖区响塘乡金桥村乐乐旺幼儿园所属园车，在送幼儿回

家途中，途径与湘潭市交界的长沙市岳麓区干子村时，翻入水库，致 11 人遇难，包括 8 名幼儿和 3 位成人；9 月 1 日是中小学开学第一天，湖北省十堰某小学一名学生家长陈严富因女儿未能及时完成暑假作业，老师拒绝其女儿入学，曾 4 次到校恳求未果，遂藏匿一把水果刀到校行凶，造成 4 死 5 伤的悲剧；9 月 26 日，昆明市明通小学发生踩踏事故，造成学生 6 人死亡、26 人受伤；11 月 19 日，山东省蓬莱市潮水镇四村机场连接线附近，一辆货车与一辆面包车相撞，致 12 人死亡，其中 11 人为儿童；12 月 8 日，淮北市同仁中学两个班级举行篮球比赛，一名同学崴了脚，多名同学围观时围墙突然坍塌，造成 5 人死亡，2 人受伤；12 月 14 日，河北省廊坊市永清县刘街乡徐街村春蕾幼儿园房屋倒塌，造成 3 名儿童死亡，3 名儿童受轻伤；12 月 17 日，天津市武清区一小学校车，在接学生上学的路上发生交通事故，造成至少 2 名学生死亡，另外 2 名学生重伤。

一个个年幼的生命骤然逝去，是什么原因导致小学生安全事故频频发生？家长、学校、社会……责任心的缺失，导致了一次次悲剧的发生。究其根本原因，就是人们不遵守规则、不珍惜生命。

小学生是弱势群体，家长要教会孩子保障自己的人身安全，树立牢固的规则意识，时刻牢记安全第一。家长要经常反省自己，是否曾经有过不遵守规则的行为，是否曾因自己不安全的行为带来过对别人的伤害？想想看，自己的孩子走在马路上时是不是有追追打打的现象？是不是边走边看书、玩足球甚至玩手机？是不是随意横穿公路？家长带孩子外出是否做到了走路要走人行道，不在路上打和闹。不骑快车不抢道，靠右行车莫乱跑。转弯慢行仔细看，不猛拐来不急躁。遵守交规要自觉，安全第一要记牢。

美好的人生从安全开始，只有保证了健康和安全，才能创造美好的未来，家长一定要培养牢固的安全意识，始终把安全牢记在心，落实到行动，就完全可以做到安全第一，幸福永远！

难题：孩子在"突然"面前能保护自己吗

"小羊儿乖乖，把门儿开开……"狼外婆的出现在伤害儿童的刑事案件不断增多的今天，已不是什么童话故事。在"突然"面前，儿童的自我保护教育已刻不容缓。

在日趋复杂的大千世界里，儿童的自我保护显得特别重要和迫切。人们的生活水平和生活质量的迅速提高；科技手段在生活用品中的快速应用；信息网络给人们的经济、文化及物质生活带来的巨大变化；商品经济给人们的人生价值观和社会行为方式带来的深刻改变都使我们的孩子目不暇接，发出"外面的世界很精彩"的慨叹。当然，也不能否认贫富之间的巨大差异使部分人的心理严重失衡；党政机关的腐败现象和社会种种不正之风导致一部分人的看法偏激和行为偏激；在腐朽没落的思想观念侵蚀下出现一些好逸恶劳、投机取巧、为了金钱不惜铤而走险、以身试法的狂徒……社会刑事案件正在向着高智能、集团化、低龄化的方向发展，这些都给我们的孩子们提出了一个难题：在成人不在身边的时候如何保护自己？例如：

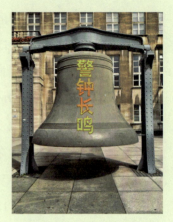

儿童单独在家，突然有生人敲门要进来怎么办？

儿童单独在家，突然煤气泄漏怎么办？

儿童单独在外，突然碰到不熟悉的人要带他（她）去玩儿怎么办？

儿童单独在外，突然磕了碰了受了伤、流了血怎么办？

儿童在外，突然有小伙伴落入水中，大喊救命怎么办？

儿童在外，突然遇到有人触电怎么办？

突然是生活的必然，每一个人都会遇到，儿童也不例外。

在突然面前，我们的孩子该怎么办？

对于家长来说，要让孩子真正在"突然"面前能够做到"我能行"，只是学会放手锻炼是远远不够的，还要注意孩子心理素质的培养和科学方法的传授。

我们都有这样的体会，当"突然"发生的时候，无非有两种情况，一种是惊慌失措，"找不着北"，脑子里一片空白，想不出半点主意，腿也发软，手也无力，连话也说不出来；而另一种则是沉着冷静，胆大心细，遇事不慌，很快就能从错综复杂的环境和情况中找到解决的方法，就连力气也比往常大了许多。因此，要告诉孩子，在突然面前，首先是保持镇静！镇静，头脑就会清醒；头脑清醒，就会想出办法。情况越突然，就越要头脑清醒，一慌就糟了，有办法也会想不起来，惊慌失措往往会酿成大错。教育儿童自我保护，要特别重视儿童良好心理素质的锻炼和培养。

我们来看一段儿童相声《关键时刻》，很有意思：

乙：哎哟，这不是猴哥吗？

甲：一边去，谁是猴哥呀！听清了，我姓牛。

乙：噢，笨牛呀。

甲：怎么说话哪？我姓牛，可不笨！

乙：你让大伙瞧瞧，就这俩大眼珠子，就这厚嘴片子，说聪明，谁信哪！

甲：你还别不信，我前几天还抓了一个坏蛋哪！

乙：你？猴子捞月亮——不可能！放着牛不骑——

甲：怎么着？

乙：吹着玩儿！

甲：吹？告诉你，牛皮不是吹的，火车不是推的，泰山不是堆的，这入室盗窃的坏蛋还就是我逮（读 dēi）的！

乙：真的？

甲：如假包换。就因为这个，我被学校评为"智勇双全好少年"了！怎么，你不知道？地球人都知道呀！

乙：今天当着大伙的面，把你的英雄事迹给大家介绍介绍？

甲：我这点小事算啥，和黄继光、董存瑞不能比，就是和王二小、小兵张嘎比也有一定的差距，还得努力。

乙：嘿，捋着胡子过马路——还挺谦虚（牵须）。

甲：那是。

乙：说你胖你就喘上了。还是说说你是怎么抓坏人的吧！

甲：其实，我也没动手就把坏人抓住了。

乙：嘿，我听着都新鲜，这抓坏人不用手用什么？

甲：这抓坏人得用脑子。关键时刻动脑比动手更重要。

乙：这倒是说得对，我们少先队员和坏人做斗争，不但要斗勇更重要的是斗智。

甲：那是上星期二的事，上午交作业，我打开书包一看，坏了。

乙：怎么啦，坏人跑书包里来了？

甲：你别打岔好不好，我是作业本忘带了。

乙：马大哈呀，赶紧回家拿去吧。

甲：我赶紧跟班长打了个招呼，一紧身形，深吸气，大猫腰，一咬牙，一跺脚，噌的一下子——

乙：上房啦？

甲：我是猫哇！

乙：我怎么听着像猫的动静呀。

甲：我是一路飞跑，赶奔家中，到了家门口一看，哎呀我的妈呀！

乙：你妈在家哪？

甲：什么呀，我家的门开着。

乙：那还是你妈回来啦。

甲：不可能，我妈早上和我一起离开家的，她晚上才回来呢。

乙：那就是你爸回来了。

甲：那更不可能了，我爸出差去了，到月底才回来呢。

乙：你急死我了，这到底谁回来了？

甲：谁都没回来。

乙：那你喊妈干什么？

甲：我们家门开着，我能不惊讶吗？

乙：是不是你这个马大哈早晨出去没锁门？

甲：我亲眼看见我妈锁的门，我还拽了拽哪。我刚进屋，就听到里面有动静。

乙：闹耗子。

甲：你们家才闹耗子哪。

乙：那是什么动静？

甲：我进屋一看，好家伙，东西翻得到处都是——一个陌生人正翻箱倒柜找东西呢。

乙：不好，有贼，快跑哇！

甲：你就知道跑，他一条腿有我两条腿长，我跑得了吗？

乙：那就跳窗户呀。

甲：我们家住 8 楼。

乙：那就快喊救命呀。

甲：喊也白喊，这楼隔音效果特好，谁都听不见。

乙：那，那就跟他拼喽。

甲：这贼长得跟泰森似的，你敢和他拼吗？

乙：我不敢，我怕他咬我耳朵。

甲：我倒不怕他咬我耳朵，我怕他图财害命。

乙：赶快报警！

甲：电话在里边哪，我身上也没有手机呀！

乙：那就装死。

甲：这叫什么馊主意，哪有见到坏人装死的？

乙：那怎么办呀？我看你就等死算了。

甲：你才等死呢，我是少先队员，勇敢是我们的作风，宁愿站着死，决不跪着生。关键时刻要冲锋，我冲上前去……

乙：英勇牺牲！

甲：面带笑容，一不慌，二不忙，冲着贼一乐，哈哈哈……

乙：有病啊，都到这份儿上了还冲着贼乐哪。

甲：我这一乐把贼吓了一跳，刚要瞪眼，我说："您是×××（乙的名字）的爸爸吧？"

乙：这关我什么事，怎么把我扯进去了！

甲：先把他稳住了再说，"您是×××的爸爸吗？他今天没上学，老师让我来家看看他是不是病了"。

乙：这儿倒成我家了，贼怎么说？

甲：要说你爸爸可比你聪明。

乙：我爸爸……呸！

甲：这贼可真叫狡猾，给我来了一个将计就计。冲我一乐："啊，是呀，我是×××的爸爸。×××这小子准是又逃学了，回去告诉你们老师，回头我一定好好收拾他。辛苦你了，小同学。"

乙：我啥时候逃过学呀，贼上当了，赶紧跑吧。

甲：你就会跑。

乙：不跑一会儿就跑不了啦！

甲：这一跑贼非起疑心不可。

乙：那怎么办呀？

甲：我说："那什么，贼叔叔，您先忙着……"

乙：有这么叫的吗？你这不是找死吗？

甲：我一紧张叫走嘴了，幸亏贼没听清。我说："叔叔，您忙吧，我先走了。"贼还挺客气："慢走，不送了。有空来玩儿！"

乙：嘿！

甲：出了门儿，我撒丫子就跑。

乙：还说我呢，你不也跑开了吗？

甲：该跑就得跑，现在就得抢分夺秒。我跑到居委会找张爷爷去了。

乙：张爷爷都70多了，你找他有啥用啊？

甲：我找张爷爷打119。

乙：119那是火警，110才是匪警。

甲：我太紧张了。

乙：紧张你打120呀。

甲：我叫急救车干吗呀？打完110，张爷爷拎着警棍就出去了。

乙：他那么大岁数，行吗？

甲：你把那"吗"字去了，告诉你，张爷爷可是上甘岭的战斗英雄。

乙：那是当年，现在还行吗？

甲：还有我呢，这可是关键时刻，我抄起张爷爷的拐棍就跟上去了。

乙：瞧你这兵器，十八般兵器里排第几？

甲：这是特殊兵器。拐棍在手，胆气倍增。我们爷俩儿到那就把贼……

乙：抓住了！

甲：盯住了！和坏人做斗争要有勇有谋，在警察叔叔没来之前得先盯住他。

乙：是得盯住。

甲：一会儿警察叔叔就来了，我带着警察叔叔冲进家里，那贼还乱翻哪，看见我们进去，还说哪："×××还没回来，回来我就收拾他。"

乙：不定谁收拾谁呢！

甲：我冲贼一乐，说："甭收拾了，这是我的家！"

乙：贼这下傻眼了吧？

甲：贼说："小朋友可真能开玩笑，这哪是你的家呀，这是×××的家，我是×××的爸爸。"

乙：他还认准是我爸爸了。

甲：我说，你看看墙上挂的相片，那个中间的小孩是谁？

乙：这下虾米了吧？

甲：要说还得是警察叔叔，三下五除二就把你爸爸给铐上了。

乙：铐得好！你爸爸……你再提这个我跟你急啊。这么说，你还真是有胆有识，智勇双全。

甲：这是我平时积极参加"五自"活动，学习自我保护常识的结果。

乙：少先队学的就是课本上没有的知识嘛！

甲：对呀。面临危险要镇定，求救得拨110。犯罪分子很狡猾，不盯紧了可不行。人小力单不蛮干，求救长辈解危情。自我保护多动脑，智勇双全小英雄。

乙：说得好！

甲：这是我爸爸说的，对犯罪分子手不能软，更不能怕！

乙：没错！

甲：那把你爸爸逮走应该不应该？

乙：应该！（猛醒）谁爸爸呀？

假如我们的孩子在危机时刻都能沉着冷静，就一定能够化险为夷。学知识还必须长见识，读万卷书还须行万里路。孩子不可能总是关在家里、校园里，成长成才的舞台是整个社会和大自然。温室里的花朵经不得风雨，只有广阔无垠的草原才跑得开千里马。

中央电视台曾在新闻联播中多次报道小英雄林浩勇敢救人的事迹，引起了极大的社会反响。

满脸稚气的林浩是汶川县映秀镇渔子溪小学二年级的学生，地震时才9岁，但是，就是这个9岁的男孩，在5月12日汶川大地震中，却表现出一个大人都难得的勇敢和坚强，他不仅在废墟下组织同学们唱歌增加勇气，而且还一个人救出两名同学。

5月12日那天，地震发生时他和同学们都往外跑，但被板子砸倒在地。"当时石板后面传来一个女同学的哭声。我就告诉她，别哭了，我们一起唱歌。大家就开始唱学校教的歌。最后一首《大中国》唱完后，女同学不哭了。"两个小时后，小林浩开始慢慢挪动身子向外爬。由于个子小，他几经努力终于爬出了废墟。

小林浩描述当时的情景："我使劲爬，使劲爬，终于爬出来了。我看到一个女同学昏倒在走廊上，就把她背出去了。背出去交给校长，校长又把她交给她的妈妈背走了。后来我又爬回去，又把另外一个男同学背出来交给校长，他也被父母背走了。"

当记者问他："你身上有伤，你背得动同学吗？"

他说："我背得动他们，我开始爬出来的时候，身上没有受伤，是后来背他们的时候才受伤了的。"

后来，小林浩在映秀找到了自己的表妹和两个姐姐，后来走了 7 个小时的山路来到了都江堰，而后又被送到了四川省儿童活动中心。因为救同学，小林浩的头部多处被砸破，左手臂严重拉伤。当被问到为什么要这么做时，小林浩说："我是班长。"

学校二年级的 31 名学生中，仅有 10 人在地震后幸免于难。这 10 名学生中，有两人都是被林浩冒险救出的。林浩成为汶川地震中年龄最小的救人英雄。

良好的家庭教育和学校教育造就了这位抗震小英雄。

在种种"突然"情况面前，我们的孩子能不能像林浩一样有效地实施自我保护，家长与教师同样责任重大，必须循循善诱，教育得法，传授给孩子科学正确的生存之法和防身之道。

举个例子来说吧：我国的报警电话最常用的是匪警 110、火警 119、医疗救助 120、交通事故报警 122。家长应该告诉孩子正确的使用方法，例如报警要就近、及时。拨打报警电话要抓紧时间，越快越好。拨打"110"电话，电讯部门免收报警人的电话费，投币、磁卡电话不用投币或插卡即可直接拨打。拨打外地报警电话要在"110"前加拨案发地区号。任何有电话的单位、个人和公用电话都可以为报警人提供方便。

报警及求助

匪警电话：**110**
火警电话：**119**
急救电话：**120**
查询电话：**114**
交通事故电话：**122**

报警要准确、具体。需要报警时，一定要实事求是，不要夸大事实，以免影响报警服务平台正确判断警情性质，影响处置。报警时要说清自己的姓名、性别、身份、联系电话、工作单位或家庭住址、当前在何处报警、与案（事）件的关系等，并按接警员的提问如实回答其他与警情有关的问题。如不清楚案发地名称，可以提供案发地附近明显建筑物、大型场所或单位的名称。

报警要简洁、扼要。因报警电话线路繁忙，报警时注意语言简练。

不能随意、恶意拨打报警电话。若无报案需求，不要随意拨打报警电话，若拨打电话串线或拨错号码到"110"时，要立即挂断电话。对于恶意骚扰报警服务台、以报警电话取乐、报假案、滋扰报警服务台正常工作的行为人，公安机关将根据《中华人民共和国治安管理处罚条例》的相关规定，给予批评教育、警告、罚款、以至治安拘留的处罚，

温馨提示

小事不扰警，扰警有处罚。

自己可以解决的问题，不随意拨打 110。乱拨 110，干扰 "110" 的正常工作，将会受到处罚。

情节特别严重的还要依法追究其刑事责任。

遇到不法侵害或生命安全处于危急时该如何报警？看似简单，实际上大有学问。例如拨打 "110" 不要随意重拨。当拨打 110 报警电话时，听到 "您好，这里是 110 报警服务台" 的语音提示后，要耐心等待接警人员的应答，因为 110 接警服务台是按照先后排序进行接听的，千万不要重新拨打，因为放下了再拨又要重新排队。拨打 110 是免费的，一般等待 40 秒时间就能接通。市区每天下午 6 时至次日凌晨 1 时、清晨 5 时至 7 时，是报警电话拨打的高峰期。

此外，拨打 110 报警时，要沉着、冷静，仔细告诉接警民警案（事）件发生的时间、地点、案由、联系电话、本人基本情况等相关内容，并随时保持与 110 报警服务台或出警民警的联系。要用普通话报警。如果遭遇抢夺，要尽可能记住有关犯罪嫌疑人的信息，如其所驾乘摩托车的颜色、车牌号以及犯罪嫌疑人所穿衣服款式及颜色、体型特征及逃离方向，及时向公安机关通报，以协助公安机关快速将不法分子拦截。

如果遭遇火灾，发现火情的人在拨打报警电话时一定要镇定，讲清楚家庭所在的方位、街道、门牌号码等。在搞好自救的同时，还要到主要路口迎接消防车，以免消防车在寻找起火点上浪费时间，贻误救火的良机。

"122" 是我国道路交通事故报警电话，如果遭遇交通事故，要保护好现场，车不要随意移动，有伤员需要紧急救助时要立即将其送往医院，符合快速处置时，要把车移到不影响交通的位置后向 110 报警，再向保险公司报案。

"120" 是医疗急救电话，打电话时不要急躁慌忙，一定要简明说清病情、症状、已经采取了的措施、所在位置和联系方式，如果可能，可以到路口迎接急救车，以免耽误抢救时间。

原则：姓导不姓包，放手不放心

家长对孩子的安全教育是有原则的，概括起来说，就是要做到姓导不姓包、放手不放心。

贯彻这个原则，家长要鼓励和引导孩子自理自立。

早在 1927 年，著名教育家陈鹤琴先生就提出："凡儿童自己能够做的，应该让他自己做；凡儿童自己能够想的，应该让他自己想。"

早晨起来被子不叠，吃完了饭碗筷不刷，甚至忘了带某种学习用具，还怪大人没有提醒，等等，诸如此类的现象在许多家庭司空见惯。调查发现，独生子女认为自己"做事有独立性不依赖他人"的仅占40.3%。也就是说，半数以上的独生子女依赖性较强。其实，自理对于一个正常的孩子来说，并不是一件难事，像收拾学习用具、穿衣服这些简简单单的事情，孩子都是可以自己料理的，本来就应该自己去完成。可有些同学在家里娇生惯养，什么也不做，什么也不会做，只知道一味依靠家长，这是要不得的。

依赖就会产生惰性，依赖性越强，惰性就越大，孩子的大脑和双手就解放不出来。有人做过一个测试：把一批三好学生召集起来，轮流进到一间事先稍加"布置"的房间，房间里空荡荡的，一进门的地上倒着一把扫帚，有些垃圾，有一个簸箕。孩子们依次进来，大都迈过扫帚、垃圾和簸箕，视若无物，只有一名同学把扫帚扶了起来，也只有一名同学把垃圾收到了簸箕里。

因此，很多孩子面对"突然"，就会发出疑问："我能行？"

想让孩子打消疑问，就不要包办和代替。孩子依赖家长都是惯出来的。要铲除溺爱的温床，家长就要学会对孩子说：自己的事情自己做！自己能做的事情自己做！自己能够学会的事情自己学着做！自己可能会碰到的事情要想办法做！只有这样，才能帮助孩子树立自我保护的意识。我们都有这样的体会：儿童在玩耍的时候，不小心摔倒了，家长马上跑过去扶，孩子就有可能哭起来，你越哄他哭得越厉害。相反，如果他摔倒了没有人去哄，也许他一声都不会哭，因为他知道哭是没有用的。

不妨试试这样的办法：假如你有个上小学的独生儿子或女儿，习惯于睡懒觉。每天早晨，爸爸妈妈几次催孩子起床，孩子总是不情愿。"再躺 10 分钟！""再待会儿。"如果真的迟到了，孩子又会抱怨不把他拽起来，害得他受老师批评。要结束这种情况，你可以郑重地告诉孩子："上学是你自己的事情。从明天早晨开始，该几点起床你上好闹钟。如果闹钟响了你还赖被窝，你就赖吧，肯定没人叫你，一切责任自己负！"其实，家长心中有数：孩子向父母撒娇，可在老师、同学那里还是很注意自己形象的，岂敢总迟到！结果呢？很可能第二天早晨闹钟一响，孩子就会主动跳下床来。也许从那时起，孩子上学就再也不用催了。良好习惯的养成，往往是适当"逼"出来的。

人的适应能力是很强的，孩子的潜力很大，可以做很多事情，只是父母的溺爱剥夺了他们自立的能力。我们常看电视里的动物节目，很多动物在自然界里训练自己的幼崽，是毫不留情的，甚至是很残酷的。动物也知道物竞天择，弱肉强食的道理。为了生存的需要，它们必须这样做，其物种才不会灭绝。动物是无法与人相比的。人类不但知道自身生存繁衍的必要，而且懂得科学教育的理论和方法。但是，假若家长在溺爱的状态下，事事包办和代替，处处娇生惯养，结果都是在给孩子帮倒忙。譬如，孩子的学习本来是他们自己的事，要克服困难，掌握本领，谁也代替不了。大人陪读陪写甚至帮写帮计算，是在辛辛苦苦地培养懒孩子。当然，必要的辅导甚至请家庭教师都是可以的，但前提必须是孩子独立学习。这个道理本来不难明白，难就难在"做"上。家长真正的"难"应该难在如何让孩子树立"我能行"的信心，培养儿童良好的心理素质和行为方式。克服了这个难点，你就会发现自己的孩子还是很了不起的。

让孩子从"我能行？"到"我能行！"最重要的问题是培养孩子的独立性。

在家长的眼里，孩子是永远长不大的。哪怕到了为人父、为人母的时候，在自己的爹妈面前也是孩子，也会有长不大的感觉。但是，有了就不愁长。孩子一天天在成长是事实，仔细分析一下，我们就会发现所谓孩子"长不大"从根本上说就是缺少独立性。

所谓独立性，是指一个人独立地分析和解决问题的能力，这是在社会上生存以及进行创造性活动必备的心理品质。在历史上，凡是有所作为的人都有很强的独立性。

据中国少先队工作学会组织的调研报告统计：独生子女"生活自理能力较强"为38.9%；"做事有独立性，不依赖他人"为40.3%；"有保护自己的能力"为43.8%；"有责任心"为45.9%。在自我评价中，20.4%的孩子明确表示"缺少生活自理能力"；18.3%的孩子"做事容易依赖别人"；28.0%的孩子"很少帮助家长干活"；15.1%的孩子"缺少保护自己的能力"。缺少独立性可谓独生子女的"通病"，是当今独生子女人格缺陷之一。

那么，"长不大"的症结在哪里呢？

不少家长认为孩子缺少独立性是独生子女的"先天不足"，把原因归结为"独生"。

事实上，任何一个孩子，无论是独生还是非独生，作为"自然人"来到世上，并没有本质的差异，而是在后天的社会化过程中，由于父母的教育和环境的影响，才形成了不同的人格品质和能力。独立性作为人格特征之一，同样不是与生俱来或自然形成的。它是个体通过主观努力和接受教育而获得的。对未成年的孩子来说，家长的教育观念与行为，对他们独立性的培养有着至关重要的作用。调查所反映出来的孩子独立性差，从根本上说，是后天塑造的结果。

从家庭教育的方式来看，溺爱是独生子女独立性品质的最大障碍。调查显示，过分保护使很多家庭的孩子独立性都较差。独生子女家长中有 52.5% 的人"为孩子安排课余学习内容"；26.1% 的家长"经常检查孩子的日记或通信"；37.1% 的家长"总是照料孩子洗澡、整理床铺或收拾书包等"；34.6% 的家长"经常陪着孩子做功课"；等等。有的孩子都上初中了，每天早晨家长还要替孩子把自行车搬出去；有的孩子都上高中了，家长也舍不得让他们自己洗衣服。有个三年级的孩子，每到学期末都由父亲帮助复习功课，考试才勉强及格。有一次考试前夕恰逢父亲出差，结果数学只考了十几分。在家长如此"周到"的服务，如此"严密"的保护中，孩子的自主行为大大减少，对家长的依赖性越来越强。有的家长对孩子学习、生活中遇到的困难，不是鼓励其通过自己的努力去克服，而是无原则地包办和代替，将困难、问题一一排除，让孩子不费脑筋、不费力气就过了"关"，这对孩子有什么好处呢？历史上八旗子弟贪图享受不劳而获终于误国误己的教训不可忘记。在孩子成长的道路上，父母千万不能成为"拐杖"。挂惯了"拐杖"，一旦离开便寸步难行。

从孩子家务劳动的时间与儿童道德优点的相关分析来看，家务劳动时间与儿童的独立性显著相关，即儿童劳动时间越长，其独立性就越强。家务劳动的过程不仅仅是劳动技能技巧的训练，也是儿童独立地思考问题、自己动手解决问题的过程，是孩子能力的综合训练。一些家长对孩子从事家务劳动存在观念上的偏颇：一是家长过于看重孩子的学习，把学习成绩如何作为衡量孩子的唯一标准。调查表明，有高达 56.8% 比例的家长在孩子的课余时间给孩子布置作业，这无疑使孩子在完成学校作业之后，又由父母人为地增加了做家庭作业的时间，这自然就使孩子"没时间做家务"了；二是低估了孩子独立做事的能力。10—15 岁的中小学生已经完全具备了从事简单家务劳动的能力，而一些家长仍然觉得"孩子太小""怕孩子出事"，不给孩子自己动手的机会，父母不在家，孩子就只好泡方便面吃；三是单纯地把孩子从事家务劳动看成时间和体力的付出，而没有充分认识家务劳动对孩子的教育意义，"嫌孩子做家务麻烦""孩子洗不干净衣服""用不着孩子做家务"是不少家长的想法。因而包揽了孩子本可以力所能及的很多事情，使孩子失去了自己动手做事、独立处理问题的可能。

从孩子生长的家庭环境来看，现在的城市中小学生，绝大多数是独生子女。在家庭中，由于是"独生"，孩子没有竞争和合作的伙伴，而是与家长为伍。在许多情况下，孩子

与成年人的关系是不平等的。一些家长没有把孩子当作一个独立的社会成员，而是当作大人的附属物，或者大人迁就孩子，或者大人说了算。所以这些独生子女在与同龄伙伴交往中便反映出"以我为中心"倾向，或者"人云亦云"的品格，不会与小伙伴和睦相处，不知道如何独立处理遇到的各种问题。

关于儿童发展的理论向人们提示：儿童发展依赖于成年人，又独立于成年人，这是人身心发展的过程。孩子小的时候，对成年人有着显著的依赖性，需要成年人的帮助。但这种依赖性是暂时的，随着孩子的成长，独立自主性将是其发展的主要内容。进入学龄期的孩子，已经具备了独立完成作业、看书学习以及自主地与同龄伙伴交往的能力。但是孩子的这种独立性的发展，却常常受到来自家长的阻碍，表现出一种不真实、不自然的情况，即对成年人依赖的成分依然很大。这一方面是家长对孩子的本质缺乏全面的了解，在处理孩子与成年人的关系上，过低地估计了孩子的独立能力，而过多地相信自身在孩子发展中的辅助作用。另一方面，是习惯于将成年人的活动特点强加于孩子，常常根据自己的认识设计孩子的活动，代替或者强制他们做事，不给孩子创造独立解决问题的环境，从而剥夺了他们自我发展的机会，在独生子女身上不可避免地表现出独立性差、不会独立地处理问题等人格缺陷。

培养孩子的独立性，需要有适宜其生长的环境和适当的教育。因为人出生后有相当长的时间是在家中度过的，家庭环境和家庭教育对独立性的发展起着重要作用。又因为儿童时期是人格发展的重要时期，所以这个时期的家庭教育对独立性的形成起着决定性作用。家长的责任是为孩子创造各种独立做事的条件，不当"拐杖"当"向导"，帮助孩子强化自我意识，激发孩子的主观能动性。当孩子有能力独立地面对他人、面对生活的时候，无疑便会增长智慧、增长才干，真正成为有用的人才。

自理对孩子成长来说十分重要，能自理才能保安全。道理懂得再多，方法理解得再

透，不会自理、不会动手，也只是"废物"一个。有本很著名的小说《鲁滨孙漂流记》家长可以和孩子共同来读一读，启发孩子想一想，鲁滨孙在孤岛生存了六年多，这不但靠顽强的毅力，还有强大的生存力，寻找淡水、解决食物，搭盖住房，制造工具……鲁滨孙依靠自理，赢得了生存机会，重回了大陆。孩子在个人生活中学会自己管理自己，培养自主意识，时刻以小主人的姿态不断地完善自己、调节自己，发挥积极性和创造性，做到自我服务，行为自律，具有明确的目的和计划，进有方向、学有目标，就能够遇事不慌、临危有法、保障安全。

例如，寒暑假孩子不到学校上学，活动相对自由，时间和空间都有了拓展，可家长还要忙于工作，最好能跟孩子协商，制定一个公约，父母与孩子互相监督，共同遵守。

公约的内容包括：

1. 假期生活要有规律，按时作息。外出要告诉父母到哪里去、和谁一起、什么时间回来。

2. 加强自我保护意识，牢记应急电话号码：火警119，匪警110，急救中心120。遇到紧急情况及时告诉父母或打电话报警。

3. 提高警惕，不要轻信陌生人，陌生人敲门不要开防盗门，不接受陌生人的小恩小惠，不被陌生人的甜言蜜语所迷惑。不到游戏厅、录像厅、网吧等场所；不去公路上、建筑工地、水库、河渠等危险的地方玩耍。

4. 学会使用普通的家用电器，不要乱动电线、灯头、插座，不在标有"高压危险"的地方玩耍，不用湿手摸电器，发现别人触电不能用手拉，要用干木棒把电源打掉。不自己燃放烟花爆竹。

5. 勤俭节约，不铺张浪费。注意饮食卫生，饭前便后勤洗手，防止传染病，购买有包装的食品时，要看清商标、生产日期、保质期等，"三无"食品、过期食品一定不要购买食用。生吃瓜果要洗净，不吃腐烂变质的瓜果，不在剧烈运动后大量喝凉水，不暴饮暴食。

6. 注意防火，不玩火、不携带火种，小心、安全地使用煤气、液化气灶具等，发现火灾及时拨打119，不得逞能上前扑火。

7. 遵守交通法规，注意乘车、骑自行车等交通安全，横穿马路要走人行横道。

8. 认真完成假期作业，努力多读一些思想健康的书籍，远离网络中的不良信息。观看比赛、演出或电影时，排队入场，对号入座，做文明观众。比赛或演出结束时，等大多数人走后再随队而出，不可在退场高峰时向外拥挤。

9. 遵守公共秩序，排队等车，车未停稳不得靠近车辆，上下车时不得拥挤。外出旅游或走亲访友，万一迷路不要惊慌，要待在原地等候父母回来找或及时拨打 110，请求警察叔叔的帮助。

10. 注意防汛防暑安全，不在大树及高大建筑物下避雨，如遇洪峰要顺楼梯到高楼层或地势较高的地方防汛。高温天气要采取降温措施，防止中暑。高温天气合理安排运动量，运动时口袋里不要装刀子、铁钉、发卡等危险物品。

儿童自我保护的科学方法很重要。过去，我们不恰当地宣传了许多奋不顾身，为抢救他人而牺牲的儿童，人们把他们称为"水火英雄"。榜样的力量是无穷的。无论什么时候，助人为乐，舍己救人都是应该提倡的好品质。倡导这样的品质，树立这样的榜样是完全必要的。问题在于，这些可爱的小英雄在"突然"面前，有没有更智慧的方法去救人，而不是自己不会水却盲目跳下去，结果付出了生命的代价。儿童的榜样教育要科学，儿童的自我保护方法也一定要讲科学，这是家长不可推卸的责任。

08 一个必须警醒的话题：
吸收文化正能量

文明一定求同，文化必须存异。

文化是一种历史地发展着的社会现象。文化有广义和狭义之说：前者指人类在实践过程中所创造的物质和精神财富的总成就，后者指在一定物质资料生产方式基础上的精神财富的总成就。人类特有的精神文化生活是社会发展的重要条件。文化又随着物质资

料生产方式的发展而发展。不同历史时期的文化具有继承性、民族性、习得性、传递性、积累性与选择性，在阶级对抗的社会里，各民族文化带有阶级性。改革开放带来了思想的解放、文化的繁荣，各种文化观念的交流、碰撞、融和，再加上高科技手段的广泛应用，使得文化传播的速度超过以往任何一个时代。人类社会生活实际上是文化生活，是人从生物需要过渡到社会需要的明显标志。文化和社会相互影响、相互促进。少年儿童作为社会群体的一个部分，在实现社会化的过程中，会受到所在环境的文化熏陶，逐渐养成某种行为模式。文化的浸润了无痕迹。文化本身具有巨大的教育作用，教育的发展要依赖一个社会的整体文化，教育的过程不仅在学校中进行，也在社会整体文化环境中实现。孩子们接受什么样的文化影响，吸收什么样的文化营养，不仅关系到儿童个人的全面素质，而且关系到中华民族未来的整体素质——这就是我们必须关注儿童文化营养的原因。

影视：韩国的《大长今》与中国的《甄嬛传》

中国传统文化，凝结着中华民族的民族精神和民族情感，承载着中华民族的文明血脉和思想精华，是维系国家统一、民族团结和社会和谐的重要精神纽带，是少年儿童思想道德建设的宝贵资源。

充分利用优秀的传统文化教育孩子，对于弘扬爱国主义精神、移风易俗、立德树人，提高孩子的思想道德素质、为未来发展奠定良好的道德支撑，具有十分重要的意义。

在传统文化传承的时尚载体中，影视的作用不可低估。

影视通过现代科技与艺术表现相结合的方式满足着孩子思维活跃、思想开放、主体意识强、接受新事物快、渴望求知求新的文化需要，家长必须与时俱进，善于运用影视新媒体调动孩子的关注点、兴奋点，影响和引导孩子传承民族文化，弘扬民族精神。

《平原游击队》《红孩子》《英雄虎胆》《上甘岭》……一部部经典的影视作品，以其独特的魅力成为对少年儿童进行爱党爱国教育的生动教材。在这些经典作品中，有中国共产党可歌可泣的奋斗史，有中国人民英勇抗敌自强的民族史，有各个时期杰出英才艰苦卓绝的创业史，有伟大祖国高歌猛进的发展史……这些作品承载着红色记忆，诠释着时代精神，渗透着价值观，传播着正能量。家长要通过红色影视"荐"出来、红色影视"看"起来，红色影评"写"起来，红色插曲"唱"起来……与孩子一起认真观看，进行评述，引导孩子从不同的视角谈感悟，讲启迪，理解红色历程，体验前辈厚望，激发向上热情，接受传统教育，争做党的好孩子。

红色是血脉，绿色是健康。那些轻松愉快、赏心悦目的影视节目同样含有丰富的文化营养。

但是，我们必须看到凡是太平盛世，文风不是婉约、轻柔就是绮靡、飘逸。中国改革开放几十年，国运昌盛，和平安定，外无大的战忧，内无大的灾患，歌舞升平陶醉了一代少年儿童。他们喜欢"小鲜肉"，看着琼瑶剧掉眼泪，读着三毛书品人生，从邓丽君听到尚雯婕。打开电视走进影院是风花雪月、卿卿我我的"泡沫艺术""肥皂剧"。"快餐文化"很多俗不可耐，在这种氛围中，我们很难要求孩子喜欢金戈铁马、慷慨激昂。如果有人说，我们的荧屏银幕也不乏刀光剑影、炮火硝烟的话，佳作也是屈指可数。倒是那些雷人的抗日剧让人不忍卒看，美女间谍飞檐走壁，浴血搏击手撕日寇，扔个手榴弹能把飞机炸下来……真不知这是在夸耀自身还是在糟蹋自己，历史变成了可以任意扭曲的哈哈镜。

　　影视作品的观赏与审美意识的养成密切相关。朱光潜先生认为崇高美、悲剧美是美的基石。历史的进步没有离开过英雄主义、悲剧情节，仅有喜剧美、滑稽美的形式，历史岂不成为轻浮的蒲公英？分析影响当代小学生素质形成的种种因素，"快餐文化""商业文化"造成的"文化缺钙"不容忽视，其中影视的作用尤为突出。预防民族的软骨病绝不是危言耸听，该给我们的孩子早点"补钙"！

　　我们重点说说电视。

　　电视是家庭文化消费的首选，已经成为家庭文化的重要组成部分。现代信息的高速传播，电视功不可没。卫星转播使信息传播更加快捷，有线电视的开通使电视节目的选择更加便捷，高科技与文化的联姻又一次显示了无比巨大的威力，电视把一道道文化"大餐""快餐"一股脑儿地端到你的面前：《新闻联播》让你通晓天下大事，《法网追踪》让你惊心动魄。足不出户，你就可以上窥宇宙，下探海底，游遍东西南北中；斜倚沙发，你就可以把五行八作，历史未来做个全面了解；高兴时你可以饱览五洲风土人情，闲暇时你可以欣赏琴棋书画，累了你可以从音乐舞蹈中得到放松，烦了有相声、小品为你开怀，戏迷可以天天过戏瘾，还可以学上两嗓子；球迷可以通宵达旦地观比赛，看得兴起翻筋斗都没人管。想学厨艺，有《八方食圣》；想买东西，有《电视购物》；

想炒股有《股市行情》；想求医有《养生堂》；妇女可以看《半边天》，老人可以看《夕阳红》；想发财吗？有各种竞猜的、参与的综艺节目设置的巨奖、大奖，从人民币到实物到出国游，让你怦然心动；想买房吗？有各种漂亮的、"实惠"的房介让你眼花缭乱，都市花园、欧亚风情、豪华庄园、私家园林让你目不暇接；电影频道一天至少五部片子给你奉上；电视剧单本的、连续的，中国的、外国的，古典的、现代的，哭天抹泪的、笑逐颜开的、板着脸训人的……请你尽情观赏；中央电视台的春节联欢晚会比腊月三十的饺子还重要，电视简直就是一部有声有色的大百科全书。当然，看电视也有烦恼，一家人抢频道不说，狂轰滥炸的广告就让你倒尽胃口，从年已花甲的影星到青春勃发的名模，走马灯似的宣传着保暖内衣、感冒胶囊、牛栏山二锅头、凉茶领导者！你想想，如今看一场电影少说也得十来块钱，还得挤车呀打的呀，再加上影院里不许抽烟、不许吃带皮儿的食品，花钱不说，太受限制，除了搞对象的、迷大片的、单位发票的、有钱有时间又没地方去的，谁还往电影院里跑。在家里看电视舒适、随便、安全、自在，已经成为老百姓日常生活不可缺少的一部分。

现在北京地区可以收看到的电视节目总共有几十套之多，不但有专门的少儿频道，而且儿童电视节目丰富多彩、美不胜收。播出时间从凌晨到深夜，到了节假日几乎24小时不间断。

从某种角度来说，歌星靠电视走红、演员靠电视成名、商品靠电视占领市场，就连卫生巾，也在靠电视打响品牌。

我们应当感谢广大的电视工作者，不管是台前的还是幕后的，不管是如雷贯耳的还是默默无闻的，是他们的创造性劳动，为我们搭起了现代信息之桥，奉献了丰盛的文化食粮，使我们在总结历史的经验和教训、在学习先进的科学与技能、在吸收博大精深的文化营养、在正视我们自身的和面对种种不足的时候，能够更加形象化和具体化。电视正在并将继续影响和改变着我们的生活！

任何事物都不是完美无缺的。滚滚江流，难免泥沙俱下；大千世界，必定鱼龙混杂。电视节目中的某些现象，实在令人堪忧！特别是当我们的儿童面对电视而不善选择的时候，某些电视节目的不良影响就更不能令人忽视。

有人对当前的电视不良现象做了一番"诊断"，文虽尖锐，却也矢矢中的，不乏真知灼见。

文曰：电视荧屏日渐繁荣，可一些节目在花样翻新的过程中，让观众瞧着却不那么舒坦，好似患上了疑难杂症，急需诊治一番。

病态之一：肉麻当有趣，低级而媚俗

某电视台在一档欢庆节日的娱乐节目中，请来了香港一位驻颜有术的女士当嘉宾。在整台节目里，这位年岁已不小的女士，与男嘉宾打情骂俏，撒娇作嗔。她问对方："接吻你是喜欢美式的、英式的，还是法式的？"同时又要给男嘉宾做人工呼吸。她还邀请台下的男嘉宾上台来给她当"贴着跳"的舞伴，好在没人响应。后有两名小朋友上台给她献花，称她为"奶奶"，她竟然大声问："我有这么老吗？我和你爷爷有一手吗？"真是丑态百出！

湖南卫视《快乐大本营》曾在全国群娱性节目中独领风骚，很受观众喜爱。在一期节目中曾出现过这样一个场面：一位男嘉宾在一公共场所门前"勾引"三个女孩，并将全过程拍摄后播出。同时又把三女孩的男友们请来，推测女友是否会"上钩"。游戏结果，三个女孩中有两位默许了约其喝咖啡的请求，同时又给了电话号码。一位女孩居然在对方问其是否有男朋友时，断然谎称"没有"。此时，她的男友正在众目睽睽之下看这段录像。只有一女孩坚决拒绝了男嘉宾。娱乐节目竟然如此"娱乐"，我们只能用"趣味低下，格调不高"来评价。

北京电视台有一收藏节目，收视率不低，也有捉弄人的现象。在一期节目里，主持人请来了当红明星，请她当场鉴定古瓶，并且煞有介事地请来文物鉴定家，然后主持人又故意失手使古瓶掉在地上打碎，又把打碎的责任推到了明星头上，明星不知所措，表情尴尬而拘窘，甚至掉下了眼泪，离席而去，主持人同样尴尬，不愿意承担责任又不能泄露是导演安排，好话说尽，笑脸赔尽，明星才回到演播厅。最后谜底揭开，原来是导演安排的"计中计"，是和明星商量好了让主持人现眼的。人们对明星的同情顿时化为乌有，大有被捉弄了的感觉。这样的节目有什么意义呢？不真、不善、不美，不说成年人，孩子们看了学了些什么？廉价的笑换来了长久的骂！

现在有些电视台的综艺类节目办得太多太滥，已很难吸引观众。为提高收视率，聘请一些明星或当嘉宾或客串主持，本无可厚非。但一些"星"的素质不高，除了搔首弄姿、摆摆自己的原始本钱外，实在不能给观众提供有益的精神食粮。而一些歪点子的出现，更是弄巧成拙。这种娱乐性节目，不是有趣而是"肉麻"，弊大于利。

病态之二：拳头加枕头，暴力加色情

戏不够，爱情凑。拳头加枕头，暴力加色情有所增多，当有人批评这种现象时，有人却以"真实反映生活"为幌子振振有词。比如在暑假期间，某电视台大吹大擂播出了"青春偶像电视剧"《青春出动》，宣称深刻反映了当代青年人的生活现实。结果看到，剧中的热吻镜头之多、时间之长，堪创国产影视剧之最。在画面上，由一群扮相酷似中学生的人演绎三角恋爱、非法同居、长时间热吻，还有半遮半掩的床上戏。电视剧《致命邂逅》播出后，引起了人们的议论，有的说，真的好浪漫，吻得好野蛮；有的说，这年头哪来这么多贾宝玉？还有的说，失恋、下岗也忘不了酷，实在让人不可理解！

《少年包青天》讲述了北宋年间少年包拯智破奇案的故事。此剧的恐怖画面不少，暴力和血腥赤裸裸地坦露在观众面前。比如，一些罪犯的残酷作案手法，一些受害者临死挣扎和痛苦万分的样子，不仅鲜血淋漓，而且还用摄像机从各个角度做近景特写的细致表现。在《血祭坛》单元中，镜头把观众带到一个奇形怪状的祭坛里，而祭坛里所有的雕塑都是凶神恶煞般的凶手用各种方式杀人的景象，手段残酷，场面恐怖。而电视剧不仅用画面表现，还用语言特意强调，大有不把人骇到魂飞魄散誓不罢休之势。

某省电视台有一档新歌发布会节目，某期中，主持人问一位国内著名歌手："你喜欢什么样的女孩？"歌手回答："我就喜欢这儿的女孩！"观众当场提问："你现在有女朋友了吗？"主持人马上说："在场的女孩子们注意了！"煽情到如此程度，只能用品位低下来形容。相关的电视制作人应当了解一下未成年人保护方面的法律和知识，扪心自问，这种暴力、色情的镜头能给自己的孩子看吗？

病态之三：创作随便，表演造作

《少年包青天》尽管是一部不错的戏，但第一集中为显示剧中人学识渊博而对对子的场面，却令人啼笑皆非。其中的一副对联"风声雨声读书声声声入耳；家事国事天下事事事关心"，本是明朝东林党首领顾宪成撰写的名句，可是《少年包青天》却把它提前到北宋发表了，实在是贻笑大方。

病态之四：散布迷信，制造虚假

近几年荧屏常见这种现象：电视剧中的重要角色如果遇到某种灾变，事先肯定会有许多征兆，或者乌鸦叫，或者眼皮跳。《康熙微服私访记》这类戏说剧当中有，《雍正王朝》《光荣街十号》这样的正剧中也有，似乎不这样剧情就难以为继。在一些电视剧中，上香拜佛，问卦打签，愈演愈烈。在综艺节目中，"祝你幸运""祝你好运"……声声不断；抽大奖，摸大彩，甚至让三四岁的儿童在 10 秒钟之内拿取奖品，能拿多少拿多少，拿多了主持人加以表扬，拿不出来主持人表示遗憾。真不知道我们的电视在引导儿童追求什么？

病态之五："戏说"不断，胡编乱造

历史题材历来为剧作家们所偏爱，一时间，荧屏上你方唱罢我登场，甚至同时在不同的频道、不同的电视台同时泛古，大家都一股脑儿地播出古装戏，尤其是清代的戏没商量。我们看到的第一个"戏说"，就是那个风流倜傥的乾隆爷。播出后"走红"，看得众人眼热，于是乾隆帝的爷爷康熙皇帝也出宫而来，微服私访回回和女人纠缠不清，处处留情。这样的"戏说"又能带给孩子什么样的历史观？

电视荧屏"戏说"之风不但愈刮愈烈，而且竟然"胡说"泛滥。

包拯和奸相庞太师的女儿纠缠不清，好汉武松和西门庆的妹妹有一段风流韵事，胡编的水平能上吉尼斯世界纪录！对孩子们来说，看多了"戏说"的电视剧，难免不犯糊涂，《风流才子纪晓岚》把一场平定大小和卓林叛乱的正义战争戏说成夺人所爱的非正义战争，据说鞍山、南京等地区已有中学生询问老师，剧中的历史和教科书上的历史哪个是真的？

"戏说"谁信？谁都不信！但孩子们就可能信，信了就会谬种流传，误人子弟。

病态之六：文理不通，错讹太多

电视实际上是一部有声有色的大百科全书，不管是哪个电视台、哪个节目的编导，都希望自己精心制作的节目收视率高，带给观众的影响大，也就是达到我们常说的以优秀的作品鼓舞人、教育人、引导人，这些人自然包括儿童在内。

遗憾的是，现在电视节目中错讹之处实在太多。

学生把"主角"的"角"念成"脚"，老师当即纠正，说应当念"决"。角力、角斗、角色、角逐里的"角"都应读"决"的音，学生不服气，说电视里就是这么念的，包括有的演员、导演也这么念，直到老师把词典打开，争论才告结束。

电视剧《闲人马大姐》的字幕错讹越来越多，堪称俯拾皆是。仅在第89集中，随便看上几眼就发现"暴（应为曝）光""三（应为仨）瓜俩枣""咯吱（应为胳肢）人的小品"等明显错误。而在第94集中又把潘大庆到处"蹭饭"打成了"噌饭"，饭还有"噌""噌"带响的吗？"噌"是象声词，而"蹭"是动词，差之千里。马大姐的女儿艾嘉出水痘，为避免传染，马大姐戴上了大口罩。邻居刘奶奶见了就问："还有富余的吗？"这个字幕上却把"富余"打成了"富裕"。想想挺可笑，这口罩也有"富裕"和"贫穷"之分吗？"马大姐"是边写剧本、边拍摄、边播出，是有点紧张，那也不能"萝卜多了不洗泥"。

中央电视台播出的《光荣之旅》第3集中，贺援朝与李军生在指挥学院的校园里谈论刚刚发生的海湾战争，此时我们看到画面上是枯树秃林、衰草遍地的一派初冬景色。众所周知，海湾战争发生在1991年的夏季，这个时空上的明显错位，真是大穿帮。

北京电视台的《北京新闻》报道海淀区中级人民法院判决一起绑架案的解说词中称：他们（指犯罪嫌疑人）对所犯罪行交代不讳。一般人们都用"供认不讳"或"彻底坦白交代"，没有写成"交代不讳"的。

电视剧的粗制滥造，一言以蔽之，是"钱"闹的。经费不够，就凑合；为了挣钱，就捏造；为了快挣钱，就赶造；为了多挣钱，就全然不顾片子可能产生的社会效果、艺术效果，这已经成为电视文化的公害！

当今社会的物质环境和精神环境对成长中的少年儿童极具诱惑力。商品社会所呈现出来的物欲横流、灯红酒绿的生活使不少孩子艳羡不已；影视片中的色情与暴力极大地腐蚀了孩子们纯洁的心灵，剧中那黑社会老大前呼后拥、一言九鼎、一掷千金的做派，迷惑了一些是非观尚未完全形成的青少年。小魔女等的犯罪动机都是为了满足自己的物欲——弄点钱花；有的少年犯被审讯时交代，其犯罪所实施的残忍手段是从影视片中学来的，"黑社会老大"是他们崇拜的偶像。

面对活生生的现实，我们的社会工作者和影视工作者是否有过心灵的拷问：对于未成年人我们应该给他们提供怎样的精神食粮？为他们创造怎样的社会环境？

近年来，电视剧《甄嬛传》一播再播，引发收视热潮，至今不息。电视剧的主题是权谋：谁的权术高明谁就能在残酷的竞争中胜出；好人斗不过坏人，好人只有变坏、变得比坏人更坏才能战胜坏人。甄嬛刚刚入宫时还是一个心地善良、简单纯朴的女孩，但在残酷的宫廷环境中，时刻受到以皇后为首的宫廷势力的暗算和迫害。经历了一系列惨痛教训之后，她终于懂得了一个"真理"：在残酷的宫廷斗争中，你必须学会比对手更加阴险毒辣，你的权术和阴谋必须高于对手，才能立于不败之地。也就是说，你必须更坏才能战胜对手。最后，甄嬛终于通过这种比坏的方式成功地加害皇后并取而代之，这就是《甄嬛传》传播和宣扬的价值观。

对比同样表现宫廷斗争主题的韩剧《大长今》，可以看出两者价值观的差异：大长今在残酷的宫廷斗争中同样受到恶势力的迫害，但她没有通过比坏的方式战胜后者，而是始终坚持自己的道德立场和做人原则。这样，作品的主题就宣扬了只有坚持正义才能最终战胜邪恶。也许有人会说，《甄嬛传》比《大长今》更真实，因为生活就是只有学坏才能生存。且不说这种对生活的理解是否过于狭隘、过于偏激，退一步讲，文艺作品也应该高于现实而不只是简单地复制现实，不正确的价值观会导致孩子把不正确的生存理念带入现实生活。

2013 年 9 月，人民日报撰文批评《甄嬛传》引发热议。一家网站发起的调查显示，有 52% 以上的人支持人民日报的观点，认为影视作品要弘扬正气，传播正确价值观，《甄嬛传》鼓励以恶抗恶，败坏社会风气。

人民日报这篇题目为《比坏心理腐蚀社会道德》的文章，开篇指出，近年来，一些领域的道德状况令人担忧：犬儒主义盛行，人际关系恶化，社会诚信缺失。而近几年流行的官场小说、宫斗剧就是这种社会风气投射到文艺创作中的一个结果。电视剧《甄嬛传》就是一个很好的例子，曾经心地善良、简单纯朴的甄嬛最后懂得了一个"真理"：在残酷的宫廷斗争中，你必须学会比对手更加阴险毒辣，你的权术和阴谋必须高于对手，才能立于不败之地。也就是说，你必须更坏才能战胜对手。这就是《甄嬛传》传播和宣扬的价值观。

人民日报的文章最后指出，必须在全社会树立和弘扬社会主义核心价值观，大力培育诚信文化。"以高尚的精神塑造人，以优秀的作品鼓舞人"，应该成为每一位文艺工作者的重要责任。影视剧如何"以优秀的作品鼓舞人"，如何创作出既受观众喜爱、又能弘扬正气、宣传积极正确的价值观的作品，确实值得深思。

很多孩子都是《甄嬛传》的热心观众，一看再看。绝大多数的孩子还不具备分辨是非对错的能力，不知道甄嬛用来对付对手的权谋与诬陷手段是不对的、可耻的，甚至有一些孩子以甄嬛为榜样，选择以恶抗恶。"明知其恶而作之，明知其非而为之"的错误观念一旦渗透进孩子的心田，将对他们的成长造成严重腐蚀。尤其是对那些发现自己做好事总是吃亏，被嘲笑被冷落；相反，做坏事、做不道德的事则风险很低，甚至没有风险的孩子，会产生冤屈和倒霉心理，或者投机与侥幸心理。这样比下去，我们的社会道德只会变得越来越糟糕。

电视对孩子的健康成长影响极大，所以，了解孩子喜爱看的电视节目并选择适合观看的节目，是当代父母重要的责任。现在电视节目种类繁多，在市场利益导向下，节目的形式与内容缺乏创新与启迪，有些类型的电视节目对孩子有负面影响。如暴力倾向、色情、低俗……孩子可塑性强，充满好奇心，极其容易模仿电视节目所播放的行为，造成对自己和对他人的伤害。

那么，家长如何引导孩子看电视呢？

首先，要筛选电视节目。父母必须先了解孩子喜欢看的每一个电视节目，千万不要太武断，例如认为孩子就一定喜欢卡通，即便喜欢卡通，有些卡通节目太过暴力或剧情过于荒诞都不适合孩子观看。

其次，要尽可能陪孩子一起观看。在孩子观看电视节目的时候，家长不妨先放下手边的事情，坐下来陪陪孩子，还可以边看边交流，通过互动促进感情，适时指导。

再次，安排看电视时段。父母要安排孩子在合理时段看电视，配合作息时间和学校学习进度，节假日可以多看一会儿，期末就要适当少看。医务工作者提醒，连续收看电视四五个小时，人的视力暂时减退30%。由于电视荧光屏辐射波会影响人体的造血机能，无节制地收看电视，易患缺铁性贫血症。长时间地以一种坐姿收看电视，还将导致弯曲形电视腿等荧光屏综合征，这也是要注意的。

最后，尊重孩子的兴趣。父母可与孩子共同选择，也可以照顾孩子喜欢的节目。如认为节目不适合孩子看，要告诉其反对的理由，让孩子感受到父母的关心，同时也要给孩子表达意见的机会。

家长们要谨防"电视病"对孩子的伤害，患上"电视病"的孩子，其行为与思维方式逐渐脱离现实世界，变得日益懒散、消沉和麻木，那些家庭关系、伙伴关系、师生关系紧张的孩子，更易患"电视病"，他们会把电视当作精神寄托，看电视越上瘾，对现实生活就越不关心，就越难适应社会，并形成恶性循环。

电视不可不看，不可多看，孩子们，悠着点！家长们，留心点！

网吧："虚拟世界"是仙境还是陷阱

网络的诞生和发展，给了每个人极大的开放和自由驰骋的空间，从前那些人类想象中的情景和向往，在今天的网络时代竟然奇迹般地变成了事实。少年儿童在网络这个任何人都无法准确估量的虚拟空间中获取资源、丰富自己、展示自己。网络这一虚拟世界对小学生有着巨大的诱惑力。调查表明，我国青少年（18岁以下）上网人数占上网者总数的 17.1%，而且规模日益扩大。然而，我们不难发现，正当他们在这个世界中似乎如鱼得水时，也带来了许许多多的负面影响。

小学生上网的时间和地点主要是在家，因此家长要正确对待孩子上网，不要视孩子上网为心患，既要认识网络的多面性和不良诱惑，消除网络存在的不良诱因，如电脑不放在孩子的卧室中，以防在无人监督的情况下诱发不良网络行为；对家用电脑中不宜的功能或网页加密等，也要对孩子上网的时间和地点做出一定的限制和监管，及时控制可能出现的违规动机和行为，指导并监督孩子理智地处理上网娱乐与上网学习的关系，向孩子推荐好的网站如雏鹰网、中青网等，促进孩子健康网络行为习惯的养成。

现代科技手段的进步，被文化的各种形式所利用，让孩子们兴奋不已，最为热衷的莫过于进网吧玩游戏。由于家里玩游戏不自由，很多孩子选择上网吧。

虽然政府出台法令，网吧不准向未成年人开放；虽然学校、家长、社会一再呼吁——别让电子鸦片毁了孩子；虽然众多媒体对非法经营的游戏厅和地下网吧进行曝光，执法部门也不断出击，但我们仍然经常可以在网吧里看到孩子们的身影。

暑期是孩子进网吧玩游戏的高峰期。北京一位记者进行了暗访，行至东四附近，遇到一个五年级男孩，在他的引导下，记者才找到一家游戏厅，发现了十几个放了假来这里消磨时间的孩子。他们或独自一人，或三两人围坐。几乎所有的学生都两眼紧盯着屏幕，两手快速地摇动操纵杆或频率极高地按动按键。记者问了一个没有币的孩子。他说，因为游戏有曲折的故事情节，有的需几小时完成，而有的一两个月也打不完。还有团体玩游戏机的，如 8 个男生同时参与一个游戏，4 人对 4 人，很有劲的。若有几个玩伴想多玩会儿的话，另几位只能跟着不回家。但是，记者也发现，这些游戏除了故事性极强，还有血肉横飞的刺激画面和宽衣解带的黄色镜头。

一位老人欣喜地看到孙子顺利地考上了中学，可不久后她发现孙子的成绩越来越差，人也变得黑瘦黑瘦的，原来他每天只吃方便面、面包，用省下的钱去玩游戏机。她和家人苦劝过，孩子也觉得不该去了，可没几天又去了……最后，万般无奈的她怀着焦虑的心情给有关部门写了求助信——"救救我的孙子！"

16 岁的李某正兴高采烈地玩着游戏，他说："我已扔在游戏厅上万块钱了，两年来我天天都告诉自己不要再玩了，可一走到游戏厅门口就迈不动步。"正说着，他猛然伸手打了自己的嘴巴，声音很响，五个鲜红的指印清晰可见，一转眼，他又奋不顾身地投入到紧张的"工作"中了。

　　王某和李某一直是父母心中的乖孩子，二人都迷上了电子游戏，一天不玩就觉得心里痒痒，一到上课就抓耳挠腮。最初他们用自己的零花钱玩，用完之后，他们便开始偷父母的钱、同学的钱，最后发展到结伙拦路抢劫，累计超过一万块。北京电视台记者采访他们时，他们说："我们当时没想过这是犯罪，我们只想玩。"说话时，眼泪已不自觉地流了下来。

　　俗话说，一个孩子胆小，两个孩子胆大，三个孩子什么都不怕。迷恋于玩游戏而走上犯罪道路的何止王、李二人？据有关部门负责同志介绍，在押的少年犯中有60%—70%经常上网玩游戏，由此而直接走上犯罪道路的占12.8%，而且这个比例还在上升。

　　心理健康专家指出：中小学生好奇心强，精力旺盛，很容易迷恋玩游戏，特别是那些平时淘气或学习成绩不好而常被老师、家长批评的孩子，更容易从中寻求成功的心理感受。而长时间玩电子游戏，对孩子的身心发展极为不利，主要是：身体发育受影响、脑功能发展不全；长期沉迷于个人世界，社会性发展不够；游戏于虚拟空间，脱离社会实际，造成社会能力偏弱。长此以往，迷恋这种电子游戏就像吸食鸦片一样，导致自身身体虚弱，精神萎靡。

　　为了赚钱，非法网吧屡禁不止，面对社会的严厉谴责和公安机关的严厉打击，非法网吧纷纷转入地下。在石景山某居民小区内曾发现3家地下网吧，第一家躲在了服装市场的深处；第二家的门口没有任何标志，走进去像是一家公司；第三家的门前大饼馒头卖得很是红火，屋里却摆着十几台游戏机。若不是刻意去找，还真的很难发现。

　　工商部门曾查处过青龙桥附近的几家非法网吧，但群众反映那儿仍有地下网吧在经营。记者随同青龙桥工商所的同志赶过去时，却是大门紧锁。执法人员一再敲门，屋里人说网吧已经搬走了。从窗户望过去，里面果然一片狼藉。紧接着又赶到一座二层小楼，准备按举报线索检查一家网吧时，没想到也是铁将军把门。而据当地居民反映，楼上肯定有非法网吧，因为经常能看到一些学生进进出出。

　　海淀区工商局查封了一家极隐蔽的地下网吧，当吧主被问及没有执照怎么敢开业时，他说是出于一种侥幸心态。他也想过对孩子的影响，"但网吧挺多的，我不做，也有别人做，因为学生的钱容易赚"。非法经营者不但以赌博、色情的电子游戏内容勾引儿童甚至提供24小时服务，管吃、管住、管做作业、管替家长签字，民愤极大。

　　工商局算了一笔最保守的账——10台价值2000元左右的电脑，每天经营10小时，每小时数元钱，一天最少收入几百元。而不少网吧是通宵达旦营业，收入自不待言。于是很多利欲熏心的家伙便开起非法网吧。孩子沉迷于网络游戏之中，有着多种原因。现代科技的手段、错综复杂的情节……除了故事性极强，血肉横飞的刺激画面，还不乏女人宽衣解带的镜头。从孩子口中，我们听到了"家庭监狱""学校囚笼"等说法，意思是家里像监狱，学校似囚笼，他们只有躲进网吧，才能获得短暂的自由。这也许是问题的另一个层面，也是非法网吧生意红火的原因之一。

一位家长说："网吧不仅拿走了我前半生的所有积蓄，还夺走了我的儿子，我和网吧有深仇大恨。我代表所有与我有相似经历的家长呼吁，坚决、彻底、完全、干净地取缔非法网吧！"

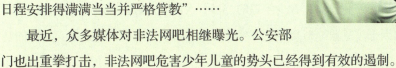

为了能把孩子从网吧拉出来，政府采取的措施是取缔，而家长的办法各有奇招——"让孩子打羽毛球、踢足球，把他运动得精疲力竭""把孩子的日程安排得满满当当并严格管教"……

最近，众多媒体对非法网吧相继曝光。公安部门也出重拳打击，非法网吧危害少年儿童的势头已经得到有效的遏制。

为了孩子的健康成长，必须清除非法网吧！

音乐：流行的不一定是健康的

音乐在少年儿童素质培养过程中占有重要的位置。

音乐可以帮助少年儿童树立人生理想，陶冶高尚情操，提高艺术修养，形成文化气质，促使他们身心健康成长。

在第五届中国长春电影节上，通过专家提名和观众投票相结合的办法，评选出了"百年中国电影"的十佳影片、十佳电影演员和十佳电影歌曲。评选出的十佳电影歌曲，排名顺序如下：1.《义勇军进行曲》；2.《让我们荡起双桨》；3.《爱就一个字》；4.《我爱你，中国》；5.《花儿为什么这样红》；6.《英雄赞歌》；7.《我的祖国》；8.《敖包相会》；9.《弹起我心爱的土琵琶》；10.《大海呀，故乡》。30 年代至 90 年代的歌曲兼而有之，其中就有脍炙人口的儿童歌曲《让我们荡起双桨》。

歌曲是音乐的重要组成部分。现在，人们把歌曲分为艺术歌曲、民间歌曲、通俗歌曲等；其演唱方法也分为美声唱法、民族唱法、通俗唱法。有人说，美声唱法的歌曲属于高雅，民族唱法的歌曲属于大众，通俗唱法的歌曲是以青少年为主体的"歌迷"们的专属。实际上，通俗唱法也称"自然唱法""流行唱法"，于20世纪80年代开始在我国流行。通俗唱法大众化，贴近生活，亲切自然，通达流畅，富有人情味；一般不追求声音共鸣和音量，但对如何运用话筒、扩音器、音箱等各种电声设备却十分考究。在声音观念上，不做过分修饰，追求趋于口语化的质朴美和自然美，没有声区概念，演唱直上直下，以自然声区为主（除少数专业者外）。发声方法不拘一格，丰富多样，表演形式自由灵活，特别注重与观众直接交流。通常用柔声、轻声或气声来表现感情细腻缠绵的作品，如《乡恋》《外面的世界》等。而风格古朴率直或粗犷的作品则多用直声、白声以及近似生活中的喊叫声来烘托渲染气氛，表达炽热的感情，如《酒神曲》《妹妹你大胆地往前走》等。由于种种原因，通俗唱法至今尚未形成一个科学化、系统化的完整体系，还有待探索、研究和提高。青少年追的"星"大部分是通俗唱法的歌星，比较著名的有香港的四大天王（黎明、刘德华、郭富城、张学友）、台湾的张惠妹、大陆的林依轮、那英、田震、孙悦等。不过，这些歌星已经被邓紫棋、霍尊、王铮亮、樊凡、孝琳、关喆、陈奕迅、郁可唯等所取代。

时下，包装成了最时髦的名词。歌手经过包装就成了"歌星"；演员经过包装就成了"影星""舞星"，有的还是两栖、三栖明星，帽子满天飞，把孩子们闹得眼花缭乱，成为疯狂追星一族。

2013年11月8日早，丰台区南苑地区的一个院子里，41岁的李某和13岁的女儿小红发生了激烈争吵。当天早上6时许，女儿因为找不到铅笔刀，发脾气不愿上学，还将文具用品摔了一地，手机也砸坏了。李某指责小红："每天都在上网，晚上不睡，早上不起，就知道花钱。"小红顶撞道："不就是钱吗？我以后还你！"

李某说，女儿花钱都是因为追星，他继续教育小红："你不要只知道追星，明星再好也没有父母好，这样影响学习，你知道吗？""我爱明星比爱父母重要，明星就是比你们好。"

李某说，女儿的这句话让他火冒三丈，他想起一年多来和女儿之间发生的很多不愉快，忽然想了结这一切。他冲进厨房，拿出一把菜刀拍在客厅的桌子上，但小红没有示弱，用拳头捶了他几下，他随后拿起菜刀砍向了小红的脖子，他不知道自己砍了几刀，只见女儿从沙发滚到地上，倒在血泊中。随后，他用菜刀割手腕自杀，并打电话报警。

警车和救护车很快赶到，医生检查后宣布小红已经死亡，李某则被送到附近医院救治。事后，李某被问及杀女儿时被哪句话刺痛，他回答："就是她说'我爱明星比爱父母重要'，我听了真寒心。"

李某出生在广西一个贫穷山村，他和妻子没有工作，靠低保和女方父母的接济生活。因为妻子有病，女儿都是李某和老人照顾。这些年，李某对女儿非常疼爱、百依百顺，怕女儿坐公交车太拥挤，他每天都打车送女儿上学，女儿很争气，考上了重点中学。不过，李某说小红从小就不喜欢自己的妈妈，甚至很少叫"妈妈"，还曾说："为什么我没有一个漂亮妈妈？有这样的妈，以后恐怕连对象都找不到。"

李某说，他们父女关系恶化是从女儿上初中后变成追星族开始的。2012 年 9 月，小红升入重点初中，但住校仅一年就以学校太吵为由要求走读。李某同意了，但随后他发现，小红在家每天都抱着电脑上网，放学后就把自己锁在房间里直到深夜，学习成绩越来越差。他后来知道女儿迷上了韩国一个叫 EXO 的组合，那是一个由 12 名男子组成的明星组合。小红花钱越来越厉害，买与这个组合有关的衣服、包和帽子等，房间里有很多这个组合的明星海报和专辑。2013 年 10 月，EXO 来北京开演唱会。小红很激动，要去看演唱会，可是一张演唱会的门票需要 1200 元。作为粉丝后援会的管理者，小红还主动提出要帮助一名网友买票，她还打算买礼物支持偶像。

李某说，女儿找他要钱，他告诉女儿："我们是低保户，没有那么多钱。"但女儿不理解，却反问他："既然我们家没钱，你为什么不出去挣钱给我花？"最后，小红的姥姥给了小红 2700 元，让她如愿以偿。2013 年 5 月的一个周末，为了控制小红的上网时间，李某要求某一时段必须关掉电脑。小红不愿意，他就强行拔掉网线。结果小红骂道："你算什么父亲，连狗都不如……"李某听后狠狠打了小红一巴掌，随后他看到女儿冲进厨房，拿菜刀准备割腕。他当时吓坏了，赶紧叫岳父母过来把小红劝住。

李某说，小红此后脾气越来越暴躁，甚至以死相逼。事发前约两个月，小红一起床就开始无端发脾气，将被褥扔在地上，之后又若无其事地去洗澡。李某将被褥重新叠放整齐，但小红看见后又将被褥扔在地上，并把房间里的牛奶、饼干等零食全部扔出去，还叫嚷着不活了。李某说，那一次，他就想："那就别活了。"他拿起菜刀冲向女儿的房间。庆幸的是，李某被在场的岳母及时制止。只是到了案发当天，没有人再制止他。

在看守所内，李某说他很后悔："我选择了一种最错的方式来解决我和女儿之间的矛盾。"但一切都已无法挽回。

应当说，通俗歌曲中优秀作品还是不少的，很多通俗歌手也很有文化品位。但部分通俗歌曲带有色情猥亵和萎靡颓废的倾向，其歌词、音乐及演唱方式格调低俗，声音姿态矫揉造作，不堪入耳也不堪入眼。这类歌以宣扬金钱至上、色情淫乱、及时行乐的人生观为中心内容，是音乐商品化的畸形产物，如过去人们批判过的《处处吻》《夜来香》《钱之歌》等，这类歌曲对青少年的毒害极大，使人意志消沉。

据某报载，由湖南某杂志社主办的"全国十大不健康歌曲"评选的"排名榜"是：《独自去偷欢》《饿狼传说》《十三不亲》《游戏人间》《舞女》《大花轿》《你把我的女人带走》《马桶》《心雨》和《赤裸裸》。

歌曲作为一种大众文化载体，具有独特的娱乐、审美、宣传、教化等多种功能。一首优美动听、积极健康的好歌，或给人以审美的愉悦，或令人激昂奋进。然而近年来，乐坛在出现了许多朗朗上口、优美动人并催人上进的歌曲的同时，也冒出了一大批恶俗不堪、负面影响甚大的淫词滥调。"我的爱赤裸裸""何不游戏人间"……这些歌词内容庸俗甚至下流的歌曲的流行引起社会各界人士的关注与担忧，并由此引发出一系列对混迹于歌坛、娱乐圈恶俗作品的讨论与思考。

这入选的十首歌曲对比"百年中国电影"的十佳电影歌曲，高下立分，泾渭分明，不难看出两种歌曲的不同品质。

音乐也应该接受社会舆论的监督，对庸俗不堪的音乐作品，不管是流行的还是什么大腕创作演唱的，统统都应该予以清扫。

健康的儿童歌曲是孩子们健康成长的精神食粮。现在四五十岁的人可能还记得《让我们荡起双桨》《准备好了吗》《卖报歌》等的优美旋律，它曾伴随我们成长；《我们是共产主义接班人》雄壮激昂，《红星照我去战斗》蓬勃抒情，给人以鼓舞。改革开放以来，也涌现了一大批好的儿童歌曲，如《种太阳》《七色光》《春天在哪里》等，可惜的是太少了，满足不了儿童的需求。当我们看到四五岁的孩童奶声奶气地学唱"郎呀，咱们俩是一条心""我要你一生拥抱""天亮了，我还是不是你的女人"……你会有什么感觉，你不感到担心吗？更值得注意的是，现在有些所谓音乐组合也在向着低龄化的方向发展。"花儿乐队"出道的时候几个小家伙穿着奇装异服，留着长头发，在舞台上蹦来跳去，声嘶力竭地唱着："放学啦！放学啦！""吃了我的给我吐出来。"无论是歌曲的旋律还是歌词的内容都让人感到孩子们所发泄的是一种不健康的情绪。

家长一定要关心孩子在听什么歌，追什么星！这的确很重要！

09 一个严峻异常的话题：
体质与心理问题的双红灯

健康是人生第一财富。

周恩来总理说：只有身体好才能学习好、工作好，才能均衡地发展。

身体好包括身心两方面的健康。对此，世界卫生组织确定了明确的标志。

身体健康的十项标志是：

1. 有充沛的精力，能从容不迫地担负日常的繁重工作；

2. 处事乐观，态度积极，勇于承担责任，不挑剔所要做的事；

3. 善于休息，睡眠良好；

4. 身体应变能力强，能适应外界环境变化；

5. 能抵抗一般性感冒和传染病；

6. 体重适当，身体匀称，站立时头、肩、臂位置协调；

7. 眼睛明亮，反应敏捷，眼和眼睑不发炎；

8. 牙齿清洁，无龋齿，不疼痛，牙龈颜色正常且无出血现象；

9. 头发有光泽，无头屑；

10. 肌肉丰满，皮肤富有弹性。

心理健康的六大标志是：

1. 有良好的自我意识，能做到自知自觉，既对自己的优点和长处感到欣慰，保持自尊、自信，又不因自己的缺点感到沮丧。

2.坦然面对现实，既有高于现实的理想，又能正确对待生活中的缺陷和挫折，做到"胜不骄，败不馁"。

3.保持正常的人际关系，能承认别人，限制自己；能接纳别人，包括别人的短处。在与人相处中，尊重多于嫉妒，信任多于怀疑，喜爱多于憎恶。

4.有较强的情绪控制力，能保持情绪稳定与心理平衡，对外界的刺激反应适度，行为协调。

5.处事乐观，满怀希望，始终保持一种积极向上的进取态度。

6.珍惜生命，热爱生活，有经久一致的人生哲学。健康的成长有一种一致的定向，为一定的目的而生活，有一种主要的愿望。

对照这些标志，家长们不妨衡量一下自己和自己的孩子，是否合格？是否还有差距？差距在哪些地方？该如何改进？

警报：体质羸弱亮起红灯

有这样一个阿拉伯寓言故事：有一个船夫，准备在激流中驾驶小船，上面坐着一个想渡河到对岸去的哲学家，于是发生了下面的对话：

哲学家：船夫，你懂得历史吗？

船夫：不懂！

哲学家：那你就失去了一半生命！

哲学家：船夫，你研究过数学吗？

船夫：没有！

哲学家：那你就失去了一半以上的生命！

哲学家刚刚说完了这句话，风就把小船吹翻了，哲学家和船夫两个人都落入水中，于是船夫喊道：你会游泳吗？

哲学家：不会！

船夫：那你就失去了整个生命！

这则小小的寓言故事，说明了生命的意义不仅在于认识世界，说明世界，更重要的是改造世界，掌握征服世界的实际本领。这则寓言还告诉我们，像游泳这类体育运动，在我们的生活中，有时会起着非常重要的作用。

体育也称"体育运动"，指人们根据生产和生活的需要，遵循人体的生长发育规律和身体活动的规律，以身体练习为基本手段，结合日光、空气、水等自然因素和卫生措施，达到增强体质，提高运动技术水平，丰富社会文化娱乐生活为目的的一种社会活动。体育是全面发展教育的重要组成部分，是教育者向受教育者传授健身知识、技能、使其增强体质，并养成自觉锻炼身体的习惯，具有良好体育道德的教育。

体质是一种人体反应性。人体在遗传性和获得性的基础上表现出来的功能和形态相对稳定的固有特性。体质可以按照人的形态、功能或代谢特征分类。在一定条件下，体质是可以改变的，如有计划地改变生活条件和身体锻炼，可以增强体质。所以，毛主席号召：发展体育运动，增强人民体质！

从中国最早的儒家教育体系"六艺"中的射和御，到《易经》提出的"自强不息"与"厚德载物"；从"少年强则国强"的"少年中国说"到青年毛泽东力倡的"野蛮其体魄，文明其精神"，中国人历来将强身健体与报国有为紧密相连。早在"五四运动"前夕的 1917 年，中华民族正处于生死存亡的危急关头，毛泽东就抱着强国强种、救国救民的大志，参考古今中外的丰富事例写出了《体育之研究》的文章。文章精辟地论述了德、智、体三育的关系，生动形象地把身体喻为"寓道德之舍""载知识之车""体育一道，配德育与智育，而德智皆寄于体，无体是无德智也""体育之效在于强筋骨，因而增知识，因而调感情，因而强意志"。生动地说明了体育在三育中的地位和作用。文章不但论述了德、智、体之间的密切关系，而且介绍了锻炼身体的方法。后来，毛主席在艰苦的革命斗争中始终保持着旺盛的精力和健壮的体魄，数次横渡长江"胜似闲庭信步"更为人们所称颂。

伟大的生理学家、诺贝尔生理和医学奖获得者巴甫洛夫，是个酷爱体育运动、兴趣广泛的人。他经常划船、游泳、击剑、骑自行车等。他认为一个人要造福人类，就"必须身体健康，精力充沛、智力聪颖……"他在 87 岁高龄时，仍然精力旺盛。镭的发现者，杰出的女科学家居里夫人，曾两次获得诺贝尔奖。她是一位治学严谨的科学巨人，也是一位了不起的业余游泳爱好者。居里夫人献身科学，清廉正直。她没有给儿女们留下万贯家产，但她却自豪地说："我给他们留下的最大财产就是健康的身体。"

此外，物理大师密立根、康普顿和鲍威尔迷恋网球，"盘尼西林"的发明者弗莱明擅长游泳、跳水、钓鱼等。核子分光镜专家普西爱爬山也爱游泳……从 1901 年至今，诺贝尔奖获得者已有三四百人，他们当中体育爱好者占百分之六十以上，有的还表现出极高的造诣。

伟大的无产阶级革命家列宁，从小喜爱锻炼身体，无论是炎热的夏天还是寒冷的冬天，他都坚持运动，从不间断。列宁小时候的锻炼项目有打槌球、摔跤、游泳、爬树、荡秋千、踩高跷、爬杆、爬绳、玩单杠、打台球、跑步、滑雪、骑马等。由于他早年就对体育运动有广泛的兴趣，养成了爱好运动的习惯，这为他一生都具有强健的体质打下了良好的基础。顽强的毅力，健康的身体，使列宁在以后革命的道路上经受住了各种艰苦环境的考验，即使是在监狱，或是被流放到西伯利亚，他都没有屈服，坚持将革命进行到底，领导苏联人民建立了世界上第一个社会主义国家。

说到体育运动，我们就不能不想到 2008 年的北京奥运会，那是一次刻骨铭心的体育盛会，梦想与现实、悲恸与坚毅、激昂与淡泊交织与碰撞，造就了震撼世界的"史无前例"。中国兑现了向国际社会的庄严承诺，全世界都感受到了中华民族与时俱进的精气神！

如今，中国已申办成功 2022 年冬奥会。最根本的目标只有一个：让中国人更加健康，让中国更加充满活力，让中华民族的复兴大业实现得更快、更高、更强！

体育是在理性轨道上运行的竞争，重点在于是否锻造了身心健康、志向高远的公民。中国已经彰显了体育大国的地位，"东亚病夫"的帽子早已甩到了九霄云外，更值得关注的是民族自信心的激发与体育道德的弘扬。中华民族正在成为一个充满人性光辉、人类力量、人文关怀和勇于历史担当的魅力民族，这才有了对杜丽的呵护，对郎平的支持，对刘翔的理解，对李宁的赞赏……才有资格去热情拥抱世界，而世界也才能真切感受到一个发展进步、友好和谐、重诺守信、全民健康的中国。

建设体育强国的真正希望在于少年儿童。

1979 年，国家体委、教育部、卫生部在 16 个省市的 1210 所大中小学校中对 20 多万青少年儿童进行了身体形态、机能、素质等 23 项指标的测试，第一次获得了少年儿童体质的科学资料。调查结果显示，我国少年儿童的体质状况不容乐观。大家也从实际生活中发现，儿童戴眼镜的越来越多，弱不禁风的越来越多，挑食厌食的越来越多，意志薄弱的越来越多。

从1985年开始，我国对全国青少年体质健康进行调查，结论是青少年体质持续下降，超重和肥胖现象严重，近视发生率持续增加，速度、力量素质增长停滞，耐力素质低谷徘徊，血压调节机能不良等。经过这些年的努力，情况虽然有较大改变，但仍然不容乐观。

究其原因，生活环境和饮食方式的重大改变，导致了体力活动明显减少，加速了身体机能的退化，体质健康水平随之下降；家长的溺爱，养成了独生子女"金玉其外，败絮其中"的体质和骄娇二气。以过度保护为特征的隔代教养方式，剥夺了少年儿童自然生长发育所需的运动刺激；网络时代以久坐不动为特征的静态休闲方式，阻碍了少年儿童获得持久的、足够的运动乐趣和以此为基础的经常性体育锻炼行为习惯的养成；繁重的课业负担，直接导致了睡眠时间的严重不足和学习时间的延长，减少了闲暇时间特别是体育锻炼时间，压抑了孩子对体育兴趣的追求；体育教育不能按国家规定严格实施，导致学校体育课程不能开齐开足，学生正常体育活动时间被挤占，体育课程缺乏科学设计，脱离学生生长发育规律，大大削弱了锻炼效果；对于安全问题的恐惧，社会体育安全保障制度的缺失以及场地器材的缺乏制约并束缚了孩子体育锻炼的手脚。

在1990年召开的全国少代会上，举办了一次"说说我们的心里话"活动。宽敞的大厅里，少先队员代表与国家各有关部委、单位的领导同志对话。孩子们的热情非常高，争先恐后地发言，领导同志们听得非常认真，耐心地答复着小代表的各类问题。一位小男孩抢到了话筒，"你们知道我们的足球为什么总是冲不出亚洲吗？我知道！"一言既出，语惊四座。"因为我们从根本上抓得不够，对儿童的重视和培养不够。我们爱踢球，可上哪儿去踢呀？学校里的操场太小，胡同里又不让踢，好不容易找了个地方，还插了块牌子'践踏草地，罚款5元'。我们希望社会上的体育场地免费向我们开放，让我们好好锻炼，长大为国争光！"他的发言激起了全场热烈的掌声。

弹指一挥间，20多年过去了。到目前为止，我们的足球还是没能冲出亚洲，走向世界。一次次的功败垂成，一次次的企盼和失望，从白发苍苍的老人，到戴着红领巾的孩子，无不关注着中国足球的命运。

足球，本是一项普通的体育运动，却背负了太多的民族期望！

为什么？

让我们简要地回顾一下中国参与世界奥林匹克运动的历史。

1928 年 5 月 17 日，在荷兰首都阿姆斯特丹举办的第 9 届奥运会无声无息地开创了中华民族参与奥林匹克运动的新纪元。宋如海作为中国第一位正式代表，被派往阿姆斯丹参观奥运会。

1932 年 7 月 30 日，为了揭露日本帝国主义企图挟世界承认伪"满洲国"、摆脱其孤立处境的阴谋，在爱国人士的不懈努力下，一支临时拼凑起来的只有 6 人的中国体育代表队参加了美国洛杉矶第 10 届奥运会。

1936 年 8 月 1 日至 16 日，第 11 届奥运会在柏林举行。中国派出一支包括"考察团"在内的共计 141 人的体育代表团。其中运动员 78 人，参加了足球、篮球、田径、游泳、举重、自行车及拳击比赛，还进行了武术表演。在所有的参赛项目中，除符保卢的撑竿跳高以 3.80 米的成绩取得复赛外，其余项目均在预赛时便败下阵来，泱泱大国只落是个饮恨吃"蛋"的下场。当时有一幅《中国代表团荣归图》，画着一艘大轮船，船上的中国体育代表团成员们正合力高举着一只格外大的鸭蛋。

将体育与政治联系得这样紧密，不是中国人愿意的。希特勒利用体育，将柏林奥运会笼罩在法西斯的阴影之下；日本军国主义利用体育，在国际体坛上挤兑中国。那么中国人呢？吃了"鸭蛋"，也就谈不上真正摘掉"东亚病夫"的帽子。

1948 年 7 月 29 日至 8 月 14 日，第二次世界大战后已经停办两次的奥运会，重新在伦敦点燃圣火。中国第三次派出运动员参加了那届奥运会，由 53 人组成的体育代表团，内有运动员 33 名，另外 20 人中和体育无关的倒有七八人，都是富商大贾。中国共参加了足球、篮球、田径、游泳和自行车 5 项比赛，结果又是大吃"鸭蛋"。中国体育代表团是自己带着大米、咸鱼、榨菜前来参赛的。加上国民党政府面临崩溃，中国体育界内讧加剧，运动员们刚到伦敦时，代表团被安置在由英国军营改造的奥林匹克村内，设备条件还算上乘。谁知，屈指一算，代表团根本付不起这种四人一室的费用，只好向大会组织者说明情况，转移到一所郊区小学校借住。据说，当时因无钱住进奥运村的只有中国一家，而且中国体育代表团竟然在奥运会结束后无钱回国。有关人员使出浑身解数，才借来一笔款子买机票，总算没有使体育健儿们流失国外、贻笑大方。

1949 年中华人民共和国成立，中华全国体育协进会改组成中华全国体育总会。国际奥委会在第 15 届奥运会举行前夕，做出邀请中华人民共和国运动员参赛的决定。由于时间仓促，荣高棠率领的新中国体育代表团一行 40 人，只赶上了奥运会的尾声，唯有曾参加过第 14 届奥运会的游泳选手吴传玉参加了百米仰泳预赛。然而高高飘扬在奥运会场上的五星红旗已向全世界表明，中华人民共和国有了参加奥运会的合法权利。

伴随着新中国成立的隆隆礼炮声，威风凛凛、战功赫赫的贺龙元帅执掌了体育大军的帅印，这也表明了中国政府对体育的高度重视。贺龙，人民解放军的创始人之一，几十年南征北战，所向披靡，老百姓称之为"活龙"。"活龙"带头，巨龙腾飞！随着"发展体育运动，增强人民体质"的全民体育运动热潮的兴起，体育战线捷报频传，凯歌高奏。

1953 年 8 月，吴传玉获得了第一届国际青年友谊运动会的一百米仰泳冠军，实现了中国人在国际体坛上"0"的突破！

1956 年 6 月 7 日，陈镜开在中苏友谊赛中，以 133 公斤的成绩打破了最轻量级挺举世界纪录。这是中国运动员第一次打破世界纪录！

1959 年，乒乓球运动员容国团在第 25 届世界乒乓球锦标赛中获得男子单打世界冠军。此后，一大批乒乓精英涌现出来：庄则栋、李富荣、徐寅生、张燮林、丘钟惠……多次夺得世界冠军，甚至包揽了世界乒乓球锦标赛的全部奖项，还创造了小球打大球的奇迹，推动了中美建交的历史进程。

1960 年，我国运动员王富洲、屈银华、贡布从北坡首次登上世界最高峰——珠穆朗玛峰。

1981 年 11 月，中国女子排球队在第三届世界杯女子排球锦标赛中获得冠军，而后竟创造了五连冠的世界奇迹，使正在改革开放中的中国人民大为振奋！

1983 年，中国男子体操队在第 22 届世界体操锦标赛中夺得团体冠军，从而打破了苏联、日本 30 年来的垄断。

……

一个个世界冠军，一次次刷新世界纪录，"东亚病夫"的帽子早已被中国人扔到了太平洋里。1979 年 10 月，国际奥委会终于做出了恢复中国在国际奥委会中的合法地位的决议。五环旗下，从此走来了扬眉吐气的中国人！

1984 年 7 月，中国体育代表团参加了在美国洛杉矶举行的第 23 届奥运会，获得 15 枚金牌、8 枚银牌、9 枚铜牌，中国在奥运会上的 "0" 被彻底打破，中国人让全世界刮目相看！

2000 年的悉尼奥运会，中国健儿取得了史无前例的辉煌战绩，28 枚金牌、16 枚银牌、15 枚铜牌让所有的中国人感到骄傲和自豪！

陈肖霞、陈伟强、葛新爱、吴数德、容志行、聂卫平、栾菊杰、邹振先、宋晓波、吴忻水、郎平、郭跃华、韩健、孙晋芳、李宁、吴佳妮、许海峰、陶璐娜、杨霞、李小鹏、吉新鹏、伏明霞、王丽萍，以及身残志坚的桑兰和残疾人运动员……一个个闪光的名字和祖国的荣誉永远联系在了一起。

射击、举重、羽毛球、柔道、乒乓球、跳水、体操、田径……竞技场上五星红旗的频频升起，代表着中华民族的日益强盛！

回顾中国参与世界奥林匹克的历史，我们对教育家蔡元培先生说的"完全人格，首为体育"有了更加深刻的理解。奥林匹克精神已经在亿万青少年心中扎根，各项体育运动蓬勃开展，同学们纷纷走向操场、走进大自然、走到阳光下，在喜爱的体育项目中强身健体。重视体育、强健体魄的号角已经吹响，国家决心用 3 年时间，使 85% 以上的学校全面实施《学生体质健康标准》，使 85% 以上的学生能做到每天锻炼 1 小时，掌握至少两项日常锻炼的体育技能。

"每天锻炼 1 小时，健康工作五十年，幸福生活一辈子"的理念，扎根于我们心田，鼓舞起我们对运动的热爱、对未来的梦想，为中华民族的伟大复兴时刻准备着！

2009 年 8 月 8 日"全民健身日"设立以来，体育要从儿童抓起的认识更加深入人心，家长们愈感责任重大！

儿童正是长知识、长身体的重要阶段，这个时期人的体形、声音、面貌、骨骼和内脏器官的功能都在发生着显著的变化。如果注意加强体育锻炼，讲究卫生，增强体质，就能增强对疾病的抵抗力，健康地成长。健康的身体，不但是将来为祖国做出贡献的物质基础，也是当前学习好的重要保证，经常从事体育锻炼的人，脑细胞相应比较发达，思维、记忆、想象能力等也都比较强。

可见，体育运动是孩子成才的坚实路基。

有的家长说："我们也想让孩子经常锻炼身体，但作业太多，学习任务太重，舍不得时间。"

实际上，这是糊涂认识。体育锻炼与智育的关系，是对立的还是互相促进的？为了搞清楚这个问题，有人对小学生做了测试。

测试目的：比较持续学习与体育活动后学习的思维敏捷性。

测试对象：小学五年级，学习成绩相近的 4 个班，共 198 人。

测试方法：两个班为实验组，两个班为对照组。

对照组两节课后，不许出教室，继续在教室看书；实验组两节课后，到室外进行体育活动。然后，在第三节课上课前，两个组同时进行 3 分钟数字计算的测试。

测试结果：

对照组平均每人计算数为 202.03 个。

实验组平均每人计算数为 225.64 个。

实验组比对照组平均计算数多 23.61 个。

测试分析：由于体育运动能够促进人的呼吸，增强循环系统功能，从而保证了学习时头脑清醒和精力充沛。

实验证明，持续几小时学习的效率，不如学习 1 小时活动 10—15 分钟的学习效率高。所以说，体育活动可以增强人的思维敏捷性，体育可以促进智育。

每个希望孩子全面发展的家长，请你每天从紧张的工作中抽出 1 小时动员和督促孩子进行体育锻炼吧！

警示：心理疾患亮起红灯

一天下午，海子一回家就玩电脑，爸爸催他去看会儿书，结果反遭白眼。晚饭时，海子还继续玩着舍不得放手，全家人一等半个小时，在强制关机后他才肯出来吃饭。席间，爸爸乘机向儿子说起考试的事，但海子一直板着脸，一言不发，还对刚才爸爸关机的"无理"举动耿耿于怀。听爸爸唠叨个没完，海子忍无可忍："你是不是不想让我吃饭？你不烦我都烦了。"家里人都被他的话怔住了。妈妈在一旁发话了："你爸说的也是，你怎么就不听话？""我就不听！我就喜欢玩！你能把我怎么着？要是对我不满意，何必当初把我生出来呢？现在后悔了吧？真无聊……"父亲举起筷子向海子打去，海子却牢牢地抓住爸爸的手，猛一用力，爸爸的手一阵生疼，赶紧把手缩回去。海子气咻咻地说道："你就省省吧！我可不是好欺负的。"

小凡正在家中玩网络游戏，母亲看到后便劝其不要再玩，见小凡不听，妈妈只好告知，再玩就没收电脑。此前，她曾多次规劝孩子不要沉迷于网络游戏，但屡劝不止；只好以没收电脑相威胁，儿子对此做出的反应令她吃惊。小凡冲入厨房，迅速把煤气阀门打开。随后，他把母亲推出门外，并反锁了房门。在此前母子间关于游戏的争执中，小凡曾告诉她有几名同学因家长不让玩游戏而打开煤气以示威胁，没想到儿子这一次竟真的效仿。屋里的煤气味不断透出门外，急得妈妈一边踢门，一边哭喊，小凡始终拒绝开门。听到哭喊声的邻居纷纷出来，随即有人报警。几分钟后，两名民警赶到小区，通知物业将该单元的煤气总闸关闭。消防队20多名消防员随后赶到，一名消防员从10楼下到小凡家所在的9楼，击破窗户，进入其家中，随后打开房门将小凡救出。

两个案例说明孩子心理健康的重要性。心理学家认为，坏脾气除了有家长长期溺爱的原因外，还源于青少年自身产生的"成人感"。他们在生长发育阶段，身体快速成长，生理迅速成熟，努力在心理上摆脱对父母的依赖性，要以独立人格出现；而他们在知识、经验、能力方面并未成熟，只处于半成熟状态。面对这种矛盾和困惑，他们常常会处在焦虑的情绪中，产生不能自控的情绪波动，而这种情绪波动在父母面前更易发作。

请家长注意以下孩子的异常表现：

有强迫症状的孩子总在想一些没必要的事情，如老想考不好该怎么办，总是反复检查作业做得对不对，女生总担心自己衣服是否整齐，总要照镜子。

人际关系敏感方面有问题的孩子总感觉别人对自己不友好，其他人不理解、不同情自己，当别人看他或议论他时总感觉不痛快，有人与异性在一起时感觉不自在。

有适度暴力倾向孩子的表现是常发脾气、摔东西、大叫，常与人抬扛，有理不让人，无理搅三分，有摔东西的冲动，想控制自己但控制不住。

有偏执倾向孩子的表现是总感觉自己的想法和别人不一样，总觉得别人在背后议论自己，觉得大多数人不可信、不可靠，很难与他人合作。

有焦虑倾向孩子的表现是总感到莫名其妙地紧张、坐立不安、心神不定、心里烦躁、不踏实。

有适应不良问题的孩子表现为不喜欢学校的课外活动，对学校生活不适应。这些在低年级学生身上表现得特别明显。

有情绪不稳定问题的孩子心情时好时坏，学习劲头时高时低，对父母、老师一会儿亲近、一会儿疏远。

如果自己的孩子有上述表现，说明心理有了疾患，切不可等闲视之。

15 岁的小江从自己家住的 21 层楼上跳下，结束了年轻的生命。父母只能把成绩单焚化在他的遗像前。小江学习成绩一直不错，喜欢弹风琴和电子琴，有书法和绘画的专长，是个听话懂事的孩子，父母对他寄以厚望。上中学后，原本活泼的他变得沉默了，很多时候非常忧郁。有同学看见过他在放学后教室没人的时候在黑板上写了很多字，诉说郁闷的心情。出事当天，父亲说了他几句，说天太热，让他少穿点，把课本整理一下，他就去了自己的房间。没过多久，他就跳楼了。没人能说清小江到底为什么跳楼，他们一家人上午还一起去陶然亭玩。他曾给一女同学写下毕业留言："咱们都 15 岁了，也许你觉得你很年轻，可我却觉得我老了。每当人们问我的爱好是什么，我都毫不犹豫地说是文学，难道我最喜欢的就是文学吗？不，我最喜欢的是音乐，我梦想成为一名歌唱家或作曲家，但时光飞逝，转眼间我已经 15 岁了，我多么想像一些同学一样考进一所艺术院校，可是不行。我不止一次地有自杀的念头，但每当我打开窗户想跳下去时，我总是思绪万千，我为什么要死？祖国还需要我，世界还需要我，人类的音乐事业还需要我……"这也许能折射出他跳楼时的心情。

人们在震惊和痛心之余，不禁要问：是什么原因导致孩子走上不归路？专家指出，中国青少年自杀的第一原因是抑郁症和心理负担，它超过了其他任何疾病对青少年的威胁。而且近两年青少年自杀呈明显的低龄化趋势，且自杀者多是品学兼优的学生。

我国古代的养生家，很早就认识到了心理健康对于人体保健的重要性。如《黄帝内经》就提出了"恬淡虚无，真气从之，精神内守，病安从来"的养生方法，强调思想清净、精神安宁，就可以保持身心健康。

修身养性是中华民族养生的核心理念。一般而言，性格开朗，活泼乐观，心理健康者，不易患精神病、重病和慢性病，即使患了病也比较容易治愈，容易康复。加强性格修养，培养乐观的情绪，要表现在对生活充满信心和希望，大度处世，宽以待人，合理安排自己的工作和学习，培养广泛的兴趣和爱好。如阅读、绘画、书法、雕刻、音乐、下棋、种花、集邮、垂钓、旅游等，都能陶冶人的情操，从而起到颐养性情、调神健身的作用。每个人可以根据自己的喜好进行选择。

古代养生家把道德修养作为养生的一项重要内容，强调"养性莫若养德"。儒家孔子早就提出"德润身""仁者寿"的理论。孟子也倡导："爱人者，人恒爱之；敬人者，人恒敬之。"道家、医家等也都把养性养德列为养生首务。特别提倡参与社会活动，多做公益活动，对社会发展做出自己的贡献，展现新的道德风貌。多做好事和善事会使自己存在的价值得到社会的公认而朋友遍天下，从而取得精神和心理上的满足，这正是古人说的"仁者寿"的道理。

古人云："不如人意常八九，如人之意一二分。"在日常生活中学习和掌握一些调摄情绪的方法非常必要。古代中医养生家非常重视不良情绪的调摄，而且方法多种多样，最为常用的有节制法、疏泄法、转移法等。并且，不良情绪的调摄也要辨证施法，因人而宜，灵活机动，当退则退，当进则进。

可见，古人非常注重保持心理健康，并且在理论和方法方面都有很多可以借鉴的地方。我们的孩子在日常生活中遇到什么不顺心的事情，导致心理失衡，无法自我调节时，家长不妨学学古人，做一做精神养生的疏导。

心理疾病已经成为孩子的第一杀手。医院心理科的大夫认为很多孩子的病因是由周围的成人造成的，但是，成人始终认识不到这一点，很多家长听到医生的诊断后愤然离去，甚至认为医生有病。

家庭教育失当是孩子心理疾病的源头。有些家长对孩子动辄打骂；有些家庭整天争吵，孩子缺乏安全感；有些家长望子成龙心切，子女精神压力很大。对北京 1800 名家长近 3 年的跟踪调查显示，有三分之二的家庭教育不当。例如小文是个文静内向的女孩，她画画儿非常好。新学期绘画大赛又开始了，老师决定在她与小冬的画作中挑一幅参加画展。经过反复对比，小冬的画胜出了。体育课上，小文悄悄溜回教室，把小冬的参赛作品撕了，然后还装作若无其事。老师将此事通报给了家长，家长该如何教育？

在集体生活中，个别同学由于种种原因会或多或少地带有嫉妒情绪。小文就是因为嫉妒办了错事。

首先，家长要让小文明白，如果自己比不过别人，就应当向别人学习。老师和同学们喜欢她的成功，也会接受她的失利，和她一起寻找新的目标，期待她更加积极的努力。

如果需要比较，家长建设性的做法是拿她的作品与她原来的做比较，肯定她的进步，鼓励她挑战自我、超越自我，相信她会做得更好。和自己做比较，关注点就会落在进步上，而不是一定要比别人强。但也应该引导她与小冬比较，客观地指出小冬的长处与她的不足，使她认识到自己的差距，从而更加努力，迎头赶上。

处于嫉妒情绪中的孩子，往往容易表现出过激的行为。当不愉快的事情发生后，我们需要先帮孩子冷静下来，认清自己的所作所为。接下来我们要做的，就是让孩子承认自己的狭隘和错误。认错是必须的。一般来说，冷静下来的孩子会意识到自己的冲动之举不妥，这时，家长要适时给一些提示、一个台阶，帮他走出困窘的境地。当他感受到家长的爱护和原则时，会带着新的目光去认识自己的差距和寻找别人的优点。

嫉妒是一种消极、有害的心理。它会破坏人际关系，伤害同学间的感情，甚至会由于攻击情绪的发泄而造成悲剧。嫉妒心强的孩子，在伤害别人的同时，也在用别人的优点来折磨自己，使自己难以摆脱愤怒、沮丧、怨恨、自惭、自责等消极情绪，致使情绪低落，丧失自信和前进的动力。

嫉妒是人类一种普遍的情绪表现。嫉妒之心人皆有之，即使是孩子也不例外。虽说嫉妒是一种可以理解的正常情绪反应，但这并不意味着家长可以采取听之任之、放任不管的态度。因为经常性的嫉妒反应情绪，会演变为人格的一部分。另一方面，孩子嫉妒心过强，也容易受外界的刺激而产生诸多不良情绪，不仅影响进步，而且对身心健康极为不利。在集体中，同学之间相互比较的机会相对增多，嫉妒的形式也会随之发生变化。

孩子的嫉妒具有外露性。孩子嫉妒与大人嫉妒的不同之处，主要是不能有效地控制自己的情感。大人在非常嫉妒时，心中虽然不高兴，还会尽量忍受，也不会形之于色；孩子却直接而坦率地表露情感，根本不考虑后果。孩子的嫉妒有时还具有攻击性和破坏性。小学阶段的孩子容易过度兴奋，面对学习上的竞争，心理压力普遍比较大。随着年龄的增长，人际交往逐渐增多，各种各样的比较纷至沓来，使他们很难把握胜出与失利后的情绪。对此，家长要进行积极的心理辅导，从心中帮助小文清除掉"嫉妒"这颗"毒瘤"。解决方法应该从以下几个方面着手：(1) 建立良好的集体环境。(2) 形成正确的舆论氛围。(3) 提高学习别人的能力。(4) 进行谦逊美德的教育。(5) 引导孩子树立正确的竞争意识，把孩子的好胜心引向积极的方向。

当然，小学生心理疾患还来自于社会环境的不良影响。例如卡通片和少儿读物中对死采取一种游戏的态度，使孩子反而从"死"中感受到了一种乐趣。不良环境成了孩子不良行为的教唆犯。还有就是学校教育的欠缺。一些学校盲目追求分数，给孩子带来了压力。还有些教师把教育过程中出现的成长问题看得过于严重，以致出现过激行为，无意中使学生压力变大。

少年儿童的思维容易将事物简单化，还没有形成对生命的敬畏感，一遇到挫折往往自暴自弃，而这时一向强大的成人不知躲到哪里去了。目前很多小学都开设了心理素质教育课程，开展心理咨询，建立学生心理健康档案。广大家长也应该多学习一些心理知识，参与心理健康教育，给孩子创造一个健康的环境。

孩子有心理问题就像有头痛脑热一样，是正常现象。孩子出现心理问题，不要一味指责，更不能对孩子说你胡思乱想，你有病等这类话，而是要给予孩子更多的理解与关爱，大大方方地带孩子去咨询心理医生，树立孩子的自信，放松孩子的心情等。

解铃还须系铃人。家长，请俯下身子，认真倾听孩子的心声，摸准孩子的脉搏，让孩子的心灵充满正能量。

行动：红灯停，绿灯行

既然孩子的体质和心理问题为我们亮起了红灯，就要正视现实，采用科学的方法让红灯停，绿灯行。

健壮的身体是孩子长大成人的"本钱"。从娃娃抓起，使每个孩子都活泼、健康、聪明，这是把我国建设为体育强国的需要，是党的教育方针的要求，也是每个家长的美好愿望，在普遍都是独生子女的情况下，这种愿望就更强烈。

从小把孩子培养成全面发展的好儿童、好少年是学校的责任，也是家长义不容辞的义务。那么，家长怎样帮助孩子锻炼身体呢？

红灯停，绿灯行，就要从严要求。家长要全面理解党的教育方针，不要重智育轻体育，只抓学习不注意孩子的身体。在孩子参加体育活动时，量力而行、循序渐进是必要的，但吃点苦、受点累也是不可少的。不要过于心疼、娇惯孩子，怕风、怕雨、怕冷、怕热，不让孩子参加锻炼。"温室里是培养不出经风耐寒的花朵的。"

红灯停，绿灯行，就要因地制宜。家庭锻炼可以采取如下方式：(1) 走步。上体正直自然挺胸，眼看前方，两臂自然摆动。向前迈步时脚跟先着地，然后迅速过渡到脚掌着地，脚掌不要擦地或呈内外八字形，如有此现象要纠正。膝关节要伸直不要紧张。(2) 短距离快速跑。上体正直稍前倾，头正眼看前方。前脚掌着地自然迈步向前跑。同时两臂屈肘（大约成 90°）自然前后摆动。看准方向跑直线。(3) 长距离跑（耐力跑）。动作要轻松协调。呼吸要有节奏，一般跑两三步呼一次气，再跑两三步吸一次气。呼吸要用鼻子和半张口同时进行。跑距随孩子年龄的增长和耐力的提高而增加。当然，家长和孩子一起跑最好。(4) 跳短绳。可单脚跳、双脚跳、双摇跳、花样跳等。(5) 仰卧起坐。可在床上、地毯上做。(6) 俯卧撑。可在床上、地毯上、地板上做。做时注意不要塌腰、撅臀部。(7) 远足，即郊游。(8) 做操。可在室内和阳台上做。(9) 跑楼梯。(10) 打球。打羽毛球易找场地。有条件的可打篮球、踢小足球、打乒乓球，托排球。(11) 举哑铃，拉臂力器，玩呼啦圈。(12) 跳皮筋。是女孩很好的一种活动。(13) 经济条件允许的可购置一两件健身器材，有计划、有目地进行身体各部位的锻炼。

红灯停，绿灯行，就要讲究方式。家长在辅导孩子锻炼身体时应注意：(1) 父母和孩子一起锻炼。家长的身教可促进孩子锻炼的兴趣和养成锻炼的习惯，并便于辅导。有利于活跃家庭气氛，密切两代人关系。(2) 学点体育知识，遵守锻炼要领，进行科学指导。(3) 从孩子和场地的实际出发，选择适宜项目。循序渐进，不要急于求成。持之以恒，不要三天打鱼两天晒网。(4) 做好活动前准备和事后的整理活动，以防出事故。(5) 注意安全。活动前检查孩子身上的口袋里有无硬物、周围环境有无障碍物。如在马路上跑步，要特别注意行人和车辆，别发生碰撞。(6) 注意运动卫生。运动前不要大量喝水。饭前、饭后勿做剧烈活动。运动后不要马上用冷水冲头。跑步后不要马上坐下而要慢步走加以缓冲。冬季要注意保暖防止感冒。(7) 在活动中，渗透思想品德教育。如胜不骄败不馁、不怕失败的教育。克服困难，坚持锻炼，培养坚强的意志；从小锻炼，提高技术水平，

长大为祖国争光的教育等。(8) 支持孩子积极参加学校的体育活动或运动队，并给予必要的物质保证。和学校密切配合起来，以使孩子茁壮成长。

关于心理健康，家长首先要端正认识。我们国家真正开始重视儿童心理的研究，应该说还是在改革开放之后。长期的禁锢束缚了人们的思想，科学的普及需要一个过程，很多人还不习惯用正确的方法去解决孩子成长过程中表现出来的种种心理问题，因此常常牛头不对马嘴，干费力不见好。

儿童的心理现象虽然极其复杂，表现形式也多种多样，但简单归纳起来，儿童心理现象分为心理过程和个性两大方面。心理过程又包括认识过程（感觉、知觉、记忆、注意、思维、想象等）、情感过程（情绪与情感）、意志过程（意志行动、行为习惯等）。个性包括个性意识倾向性的动力系统（需要、动机、兴趣、信念、理想、世界观等）和个性心理特征（能力、气质、性格等）。心理过程和个性是密不可分的，是一个统一的心理活动的两个侧面。一方面，个性心理特征是通过心理过程形成和发展起来的，没有对客观现实的认识，没有对外界事物的感性体验，没有对客观现实积极改造的意志行动，个性心理特征无法形成；另一方面，已经形成的个性心理特征又反过来调节着心理过程的进行，并且在心理过程中得以表现。因此，二者既有区别，又互相联系，互相制约。那么，怎样理解人的心理现象呢？辩证唯物主义认为，心理现象是脑的机能，是客观现实的反映。这就是说，一方面，脑是产生心理现象的物质基础和器官，大量事实表明，没有脑就没有心理活动，脑受了损伤，心理活动就会受到严重的障碍；另一方面，心理现象又是人脑对客观现实的能动反映，它在社会实践活动中产生、发展，又反作用于实践，

对人的活动起调节、定向的作用。

儿童心理学揭示了儿童心理现象的本质及其发生发展的规律。它具体地研究心理活动的过程及其机制，研究个性心理特征的形成及其条件，也研究心理活动过程与个性心理特征的相互关系。其目的就是从理论上弄清儿童的心理本质，在各种实践活动中充分发挥人（儿童）的因素的作用，提高各种学习的效率，更好地适应现代社会生活和教育提出的不断发展的需要，更有成效地促进儿童的健康成长。

儿童心理学并不神秘，我们没有必要要求所有的家长都去研究儿童心理的学问，但我们却有必要要求所有的家长都了解儿童心理的有关知识，学会用科学的方法培养儿童良好的心理品质，提高儿童的心理素质。一些父母认为，自己的孩子，自己生，自己养，每天生活在一起，还用了解吗？其实孩子身上、尤其是心灵上每天都在悄悄发生变化，如果不精心观察、认真对待的话，家长就不能对孩子及时进行有效的指导，往往失于麻痹，酿成大错。

父母与孩子的差距首先是由心理发展水平引起的。由于儿童的感觉、知觉、思维等尚未成熟，他们对外界的感觉与成人是不同的。比如同样是看电视剧《喜羊羊与灰太狼》，成人知道羊和狼永远不会和平相处，尽管现实中有这样的个案；但孩子看到的却是羊和狼可以成为好朋友。再比如成人看到孩子无节制地玩电子游戏，会认识到对孩子成长不利的种种危害，而儿童认识到的往往只是刺激、新鲜、好玩。成人与儿童的心理发展水平有很大的差距。两代人的知识差距、生活经验差距以及对新技术的适应能力差距等都有可能造成代际隔阂，产生我们常说的"代沟"。

羡慕久了就变成了嫉妒

家长也许会无奈地发现，自己在孩子面前的权威性下降了。孩子人不大心不小，有时还很张狂。这是今天许多父母都碰到的难题。退回几十年前，父母对孩子几乎有绝对的权威性。他们喜欢说：我过的桥比你走的路都多。可是在今天，家长敢说比孩子知道得多吗？信息化社会动摇了长辈的权威地位。情况不仅仅如此，计算机时代是成人与孩子同步进入的，而孩子往往比大人掌握得更快，知道得更多，至少在这个领域父母开始失去自己的权威。至于孩子所谓的张狂，假如您的孩子在 10 岁至 20 岁之间，完全是正常现象。10 岁至 20 岁是国际学术界认定的青春期。心理学家发现，孩子在 10 岁之前是对父母的崇拜期，20 岁之前是对父母的轻视期，30 岁之前是对父母的理解期，40 岁之前则是对父母的深爱期，直到 50 岁才真正了解自己的父母。因此，10 岁至 20 岁之间是代际冲突最为激烈的时期。从儿童期进入青春期的少年阶段，最重要的心理现象是"自我意识"的强化。他们渴望独立又屡屡失败，常以苛刻甚至挑衅的目光审视父母和社会。但是，代际冲突也具有不可估量的积极意义，它是社会前进的基本形式之一。当然，父母的权威主要来自人格魅力，而不仅仅是知识。不过，如何对待新知识和新信息，尤其是如何对待走向未来的下一代，往往成为两代人能否和谐相处的关键。当家长看不惯下一代时，两代人的关系极易雪上加霜；而当您与下一代相处和谐时，两代人都会生机勃勃，富有活力。

面对儿童的种种心理问题，家长要能够一把钥匙开一把锁，对症下药，有的放矢。例如，让孩子懂得用脑"卫生"，不但明白"脑子越用越活"的道理，而且善于沟通和处理各种各样的信息；让孩子懂得"幸福不会从天降，不下苦功花不开"的道理，从而"书山有路勤为径，学海无涯苦作舟"；让孩子懂得"干事必须专心致志，学习必须精力集中"的道理，发展正当的兴趣爱好，锻炼注意力的集中，培养顽强毅力；让孩子懂得"没有调查就没有发言权"、观察是获取知识的主要渠道的道理，掌握有目的、有计划、有分析的观察方法；让孩子懂得"学得多不如记得牢"的道理，学会记忆的技巧，避免死记硬背，不做书呆子；让孩子懂得"三思而行"的道理，培养良好的思维品质，敢于提出一个个的"为什么"和找到一个个"这么办"；让孩子懂得"想象往往比知识更重要"的道理，发展自己的想象力，善于把想象通过努力变成现实；让孩子懂得"祖国现代化，脑劳重体劳，长征靠接力，后来比上高"的道理，发扬创造精神，锻炼坚强意志；让孩子懂得"实

践出真知"的道理，热爱劳动，勇于实践，自觉锻炼身体；让孩子懂得"知识就是力量"的道理，养成良好的学习习惯，掌握科学的学习方法，还要让孩子正确处理单纯热情与理智从事、盲目好奇与自我约束、简单模仿与独立创造、感情冲动与慎言慎行等关系，能够自觉地进行自我批评，塑造良好的性格特征，乐观进取，努力向上。

红灯停，绿灯行，就要慎用批评。家长一定要记住：无论孩子发生什么事，不要过早地跳出来下结论，要等待孩子把事情全部说完，可以边听边"嗯"，表示理解。听完了孩子的故事，更重要的是引导他们自己发现问题的答案或解决办法。随着孩子的不断成熟，我们越来越应该走到幕后，给孩子通过深刻思考解决问题的机会，当然只要他们愿意，随时都能在父母那里获得帮助。通过这种方式不但能增强孩子的自信心，获得良好的自我感觉，而且他会逐渐把你当成一个可靠又对他有帮助的朋友。

红灯停，绿灯行，就要创造机会。"孩子，我跟你谈谈！"如果家长和孩子的谈话是这样开始的，结果往往是说话的只有家长一个人。然而，当家长和孩子一起在回家的路上，或周末一起洗衣服时，往往是孩子滔滔不绝、喋喋不休的时候，家长要善于鼓励孩子说话。要想多了解孩子的生活，就要多创造对他们没有压力和你一起活动的机会。

红灯停，绿灯行，就要少用疑问。太多的问题会让孩子怀疑家长的真实目的，间接的做法会收到更好的效果。当家长真的需要问问题时，也要少用"为什么"，这个词往

往会激发孩子的逆反心理而中断谈话。比如，女儿告诉你："放学我要晚回来一会儿。"你不要马上来上一句"为什么"，相反，"我知道了，你们有什么活动吗？"效果会好得多。

红灯停，绿灯行，就要控制情绪。在和孩子谈话中，可能会有很多令家长不高兴或失望的事情，家长必须很好地控制情绪。孩子都不喜欢让家长生气，如果你过分表现出情绪，会造成以后他只报喜不报忧的后果。家长在生活中要以接纳和尊重的口吻，以与朋友相处的方式使孩子懂得，以孩子目前的年龄，犯了错误并不可怕，做了错事也不是丢面子的事；相反，勇于承认错误，勇于承担责任，是一个孩子逐渐长大的标志，是值得自豪的事情。美国一个 11 岁的小男孩踢足球，结果不慎踢碎了邻居家的玻璃。为了这块碎玻璃，男孩需要付出 125 美元。闯大祸的男孩向父亲认错后，父亲把责任交给了小男孩，要他自己付钱。男孩说自己没钱赔人家，父亲就答应借给他 125 美元，但是在 1 年后必须归还。

男孩边学习边打工，终于在一年里挣足了 125 美元还给了父亲。这位男孩就是后来成为美国总统的里根。

红灯停，绿灯行，就要亲密相伴。带孩子出去散散心，找一件孩子平时最愿做的事情和他一起做，走出去看看崇山峻岭、河流大海，领略一下大自然的鬼斧神工，或者走进博物馆，和孩子一起学知识、长见识，使生活变得更有意义。我们应当努力营造宽松的氛围，让孩子们愉快地成长。

10 一个火热滚烫的话题: 我们的旗帜火一样红

我们的旗帜火一样红，星星和火炬照亮前程……

熟悉的歌曲，昂扬的旋律，勾起我们童年的美好记忆，红领巾连着过去、现在和未来，紧紧系着我们与少先队那份不解的情缘。

中国少年先锋队是中国少年儿童的群众组织，是我国唯一的也是最大的儿童组织，据统计，目前我国的少先队员大约有 1.3 亿。

党用先锋的名义来命名少先队，并不是让孩子们发挥先锋作用，而是让孩子们学习先锋的榜样，继承先锋的业绩，做合格的现代化事业接班人。彭真同志说得好："共产党是先锋队，起领导作用；共青团是突击队，起助手作用；少先队是预备队，起教育作用。"党、团、队一脉相承，才能"长征有接力，后来比上高"！

早在 1921 年，党就成立了革命的儿童组织。共产儿童团、抗日儿童团、地下少先队到解放后的少年儿童队再到如今的中国少年先锋队，形成了光荣的革命传统，也谱写了儿童组织的光荣历史，涌现出了谢荣策、王二小、刘文学、草原英雄小姐妹、赖宁等少年英雄。少先队运用独特的组织形式、寓教育于活动之中，其作用是学校所不能代替的。少先队活动的舞台是整个社会。少先队教育的主题是党对自己接班人的培养目标所决定的。少先队教育是学校教育的重要组成部分。

情结：星星火炬 代代相传

还记得那咚咚的队鼓声吗？还记得那嘹亮的队号声吗？

"我们新中国的少年，我们新少年的先锋，团结起来继承着我们的父兄，不怕艰难不怕担子重。为了新中国的建设而奋斗，学习伟大的领袖毛泽东……

"我们是共产主义接班人，继承革命先辈的光荣传统，爱祖国，爱人民，鲜艳的红领巾飘扬在前胸。不怕困难，不怕敌人，顽强学习，坚决斗争，为了理想勇敢前进……

这两首节奏鲜明、铿锵有力的歌曲大家都不陌生。

是的，这是中国少年先锋队的队歌，只不过一首是老队歌，一首是现在的队歌。这两首队歌还有鲜艳的红领巾、高高飘扬的星星火炬的旗帜激励着一代代的少年儿童从小立志，时刻准备着，为了祖国和人民的事业而奋斗！

五十六个民族五十六朵花，五十六个民族是一家。中国特色社会主义现代化的宏伟蓝图，是中国各民族相濡以沫、血乳交融，在党的领导下团结奋斗、共同描绘出来的。在这幅壮美的画卷中，也闪烁着星星火炬的璀璨光芒……

2008 年初春的北京，摇曳的柳枝刚刚有了朦朦胧胧的新绿。然而走进北京某校的校园，却能看到花香四溢、万紫千红的景象。原来，是他们开展的"牵手各族伙伴，传承中华美德"活动，催开了民族团结的绚丽之花……

祖国发展我成长，民族团结一家亲。队员们渴望通过各种渠道，深入了解以前总在耳边听到的，电视中看到的少数民族，零距离接触他们，而且，大家有一个很有气魄的创意：与全国各地五十五个少数民族的小伙伴建立联系，牵起手来共同感受我们社会主义祖国民族大家庭和谐共存、团结一致、不断创新、共同奋斗的精神，请他们的代表 2009 年的"六一"欢聚北京，一起祝福伟大祖国的生日。

为了实现这个目标，全校师生紧张地忙活开了。学校的广播站、电视台、黑板报、宣传栏……介绍每个民族的历史发展、风土人情，多姿多彩的文化、奇特神秘的民俗。"牵手各族伙伴，传承中华美德"主题教育活动不断取得新进展，好消息一个接一个。

各中队通过抽签的方式确定了自己要结对的民族，队员们与辅导员一起制订了丰富多彩的活动计划。可一道难题摆在大家面前，怎么才能和少数民族的小伙伴建立联系，共同行动呢？虽说，在首都北京不愁找不到各民族的伙伴，但这次的主题活动有个规矩，就是一定要和民族聚居地的小朋友拉起手来。有许多少数民族居住在偏远山区，对外联络很不方便；有些民族人口稀少，寻找起来无从下手。但是，困难总没有办法多。队员们积极开动脑筋，他们找家长、求外援，甚至通过网络搜索、QQ 聊天寻找联系渠道。有些同学跑到中华民族园先找到这个民族的演员叔叔，再请他们帮忙联系家乡的学校；还有一些同学到民族大学贴出小海报，请大学生志愿者帮助牵线搭桥；还有的同学发动自己的爸爸妈妈行动起来，找朋友，找亲戚……寒假前基本都完成了牵手学校建立联系的任务。

六（8）中队牵手布朗族的过程可谓一波三折。布朗族是一个只有 8 万人的少数民族，首先，队员们在家长的帮助下在中央民族大学找到了两名布朗族同学，通过他们找到了远在云南临沧的一位小伙伴，可是去了几封信都没有回音，队员们有些按捺不住了，就在大家快要放弃的时候收到了小伙伴的回信，队员们兴奋不已，可因为相隔实在太远了，联系工作进展很慢，队员们实实在在感受到了祖国的幅员辽阔。四（12）中队寻访毛南族的小伙伴是家长帮了大忙。一位队员的母亲要出差到广西去，接受了大家的委托去寻访当地学校并转达牵手愿望。这位家长非常支持孩子们的活动，她在出差期间想尽办法来到环江地区，深入到毛南族学校，不但转达了首都少先队员的愿望，而且还用手中的摄像机拍下了毛南族学校的情况。回到北京后，这位家长参加了中队会，边放录像边向大家介绍毛南族，队员们深受感动。

六（3）中队把鄂温克族小伙伴张馨月请到了北京参加了"欢聚北京，祝福祖国"的主题活动。在找寻鄂温克族小伙伴的过程中，队员们得到了家长的大力支持。他们在网上发帖子、托关系、打电话，费尽周折也没有找到，刘盼的妈妈利用自己的人脉历经周折，终于找到了一位民院附中的学生，他在校领导的陪同下，参加了"情系鄂温克"主题中队会，为大家讲解了鄂温克族的风俗习惯、历史沿革。随着活动进一步深入，刘盼的妈妈又帮大家联系上了内蒙古自治区鄂温克旗巴雁镇第一小学的鄂温克族小伙伴们。队员们先后为鄂温克小伙伴寄去了崭新的数码相机和四箱子学习用品以及文学名著。巴雁镇第一小学的对口班也和北京小伙伴鸿雁传书，并寄来了鄂温克的特产。

大家期待已久的相聚终于到来了，看着孩子们欣喜若狂，家长们也开心地笑了。巴雁镇一小的程书记谈起联谊的经过，大家才知道刘盼的妈妈为帮助找寻鄂温克小伙伴费尽了心力。在这之前，执着的刘盼妈妈已经在网上与刘校长、张馨月的父母在 QQ 上聊了很多次了，并把班级开展情系鄂温克活动的照片等资料都发了过去，还给他们邮寄了一套奥运福娃纪念品表达诚意，最终消除了对方的顾虑和担忧。可所有这一切，刘盼的妈妈却从未提过只言片语，只告诉了他们各种详尽的联系方式，队员们心中涌动着无尽的感动，我们的家长太好了！

"六一"那天下午，风和日丽，北京的小主人和鄂温克族的小姑娘张馨月以及3个志愿者家庭的成员们来到了北京香山植物园游览。植物园里的各种花卉有气势地绽放着，加之树木葱郁，亮丽的色彩交织在眼前，蔚为壮观。真是绿的世界，花的海洋！

身着鲜艳的民族服装的张馨月和北京的刘盼、王嘉阳、宁佳琳3个小伙伴闻着花香，沐浴在温暖的阳光下，一会儿在水边嬉戏，一会儿在宛如一把撑开的巨伞的梧桐树下捉迷藏，一会儿又坐在石凳上开心地聊起学校的趣事，真是"鄂汉情深一家亲"啊！

在游玩的过程中，老师接到了万新元妈妈的好几个电话，她问："鄂温克族的张馨月大约几点能到我们家？还需要我们做些什么？"万新元家为了迎接小伙伴，特地把本已雅致、整洁的家打扫得一尘不染。当一行人来到万新元家中时，首先映入眼帘的是那一大束悄然绽放的蓝色妖姬，它妖媚地从蜷缩着的华丽舞裙里探出了高贵的头，孔雀蓝的美艳让人陶醉，太美了！万新元的妈妈说："孩子的舅舅刚从云南回来，买回了许多花，为了迎接鄂温克族小伙伴，我们特意从孩子的舅舅家搬来各色鲜花，我们担心晚上吃饭的人多，又向她舅舅借了一辆汽车。"

晚餐后，张馨月和几个小伙伴又兴致勃勃地参观了鸟巢。要知道，鄂温克族小伙伴的司机万新元的爸爸可是中科院的博导呢！

"相见时难别亦难"，纵然有万般不舍，离别的日子还是到来了。柴嘉铭、蒋越的爸爸分别开着擦拭一新的车载着一行十余人去送站。周明朝的爸爸是邮局的局长，他帮我们班给民族小伙伴所在学校寄去了新旧两台电脑，还帮六（11）班邮寄了一台电脑，却无论如何不肯要一分钱。他说："孩子卖废品攒点钱不容易，把钱用到更需要的地方吧！让我们家长为民族大团结也做些贡献吧！"

临行前，北京小主人给联谊校的小伙伴们捎上了北京特产以及队员们亲手折叠的代表着吉祥、幸福的千纸鹤。手中挥动着彩旗，目光中满是深情，目送火车缓缓地驶离站台。友谊地久天长成为队员们的一致信念！

在民族团结教育活动中，六（3）中队的少先队员们通过义卖、募捐和收废品等方式共筹集八千余元，为鄂温克小伙伴筹集了往返路费和在京的活动经费。家长和队员们的感人的事迹数不胜数。随着活动的层层推进，队员们与鄂温克族小伙伴从相识、相知到难舍难分，大家手拉手，心连心。鄂温克——一个民族的形象鲜活地印在了同学们的脑海中；大团结——一个坚定的信念扎根在同学们的心灵深处！

就这样，一条条五彩路从中关村铺设出去，联结起了祖国的四面八方，也联结起了一颗颗红亮的心……

在家长队伍里，在辅导员的行列中，有着数不清的这样的"志愿者"……

他是一名志愿辅导员，论年龄已是夕阳红，退休后不顾家人反对，毫不犹豫地登上关心下一代的岗位，满腔热情，无私奉献，用"关心下一代是最好的老有所为、让自己的夕阳更美更红"作为自己的座右铭，全身心投入红领巾事业，为少年儿童健康成长做出了应有的贡献。

他是一名志愿辅导员，热心少先队工作，热爱少年儿童，能根据孩子们的特点开展丰富多彩的活动，组织队员们到革命烈士陵园给烈士扫墓，进行革命传统教育，收效良好，他经常和各学校少先队辅导员一起商讨工作，用一片赤心托起明天的太阳。

他是一名志愿辅导员，曾经当过记者，做过宣传。作为一名家长，在家委会任职5年期间，热心学校公益事业，利用自己的工作优势，积极宣传学校教育。他所采写的新闻报道先后被《人民日报》等多家媒体采用，他使用自己拍摄的记录城市建设的图片向少先队员进行宣讲，增强师生的爱国情怀。

他是一名志愿辅导员，本职工作是人民检察院的一名干警。他以"忠诚、为民、公正、廉洁"为指导，积极投身保护关爱少年儿童的各项活动和工作之中，成为青少年维权岗的一员。他经常深入校园开展法制教育讲座，利用法制宣传日等契机，深入街道、社区宣讲保护关爱少年儿童的法律法规，开展关爱少年儿童的公益活动，捐衣物，送书刊，与留守儿童面对面谈心，送温暖，送亲情，尽一份责任，尽一份义务。

他是一名志愿辅导员，也是一名消防支队的消防员。他以人民忠诚卫士的爱心，长年坚持捐资助学，帮扶弱势群体，是"学雷锋中队"的校外辅导员。他不但安心服役，踏实工作，勤奋钻研，苦练技能，用自己的行动诠释"忠诚可靠、服务人民、竭诚奉献"的公安消防精神，还与 5 名贫困学生手拉手，送上书包、字典、文具盒等学习用品，把自己全国公安现役部队优秀士官的奖金全部捐出，并承诺今后尽力帮助他们，希望他们以优异的成绩回报父母、回报学校、回报社会。

……

红领巾曾给予一代代人光荣与责任，少先队曾给予一代代人鼓舞与力量。与少先队不解的情缘让家长们投身志愿辅导员的行列，用大爱谱写出星星火炬新篇章。

光荣：抢在春天播种

少先队组织里没有老师，只有辅导员。少先队员是 5 —14 岁的孩子。他们年龄小，知识少，能力差，所以在少年儿童的生活中，在少先队的活动中，离不开成年人的指导。少先队辅导员，就是少年儿童的最好的指导者。

辅导员是少先队员的亲密朋友和指导者。辅导员只有成为孩子们的亲密朋友，才能有效地开展工作，指导他们健康成长，实现少先队的目标。

孩子们需要朋友，愿意交朋友，这是少年儿童的特点。他们不仅愿意交小朋友、同年龄的朋友，也愿意交在他们成长道路上能给他们具体帮助的大朋友。辅导员往往是孩子接触最早的共产党员、共青团员和先进人物，是对孩子们影响最大的成年人。辅导员的世界观、品德、学识、兴趣、爱好、对事物的态度，都会对孩子产生久远的影响。这种影响只有当辅导员与队员的关系如朋友般相处，取得孩子们信任和拥戴的时候才会更加有力。

在辅导员的队伍中，有一支力量格外引人注目，这就是志愿辅导员。雷锋就是辅导员的杰出代表。

雷锋藏着两件心爱的东西：一条红领巾，一个大队长臂章。他从家乡到鞍钢，又从鞍钢到解放军部队，这两件东西，始终带在自己身边。部队驻地附近，有好几所小学校，上学、放学的时候，少先队员们见了解放军叔叔，不是敬礼，就是问好。雷锋每次看到他们幸福的笑脸，就会想起自己的童年和曾经帮助他"天天向上"的少先队组织。

1960 年 10 月，雷锋担任了抚顺市建设街小学和本溪路小学少先队的校外辅导员。他的工作任务很紧张，但他经常利用中午休息时间，或者在大风大雨不能出车的时候，跑到学校去，和教师、辅导员、队员们谈心。平日里，他也抓紧一切机会，从报纸上、刊物上搜集革命领袖、革命先烈和革命英雄的故事，记在自己的日记本上，一有工夫就讲给队员们听。他爱同学们，同学们也爱他，把他看成自己最亲密的朋友。

建设路小学六年级有个学生姓马，聪明伶俐又活泼，就是调皮得要命，整天打打闹

闹不好好听课，中队委员们气得都不理他了。雷锋知道了这件事，就说服队干部们："小马是你们的同学，大家有责任帮助他。他功课不好，要吸收他参加学习小组，帮助他赶上来，怎么能不理他呢？"

中队委员们说："他不听同学们的话，怎么帮助他呀！"

雷锋说："不要紧，我们一起想办法。"

这以后，雷锋就经常接近小马，给他讲故事，跟他谈心，约他到宿舍来玩儿。经过雷锋和老师的教育以及集体的帮助，小马逐渐克服了爱玩爱闹的缺点，学习也进步了。当他戴上红领巾，见到雷锋的时候，紧紧拉住雷锋的双手，久久不愿放开。

在改革开放的今天，在志愿辅导员的队伍里，家长越来越多地参与进来，发挥着极其重要的作用。

家长担任志愿辅导员，有着许多优势。首先，家长热爱少年儿童，对少先队有着切身体会和明确的认识。家长了解少年儿童，可以经常和他们在一起并努力满足他们的正当要求，关心他们健康成长，做到既严格要求，

又关怀备至。家长在少年儿童面前作风民主，处事公正，能够支持孩子们的合理建议，发挥孩子们的特长，发现和培养孩子们的创造精神；家长可以做到以身作则，率先垂范，在各方面给孩子做出榜样；家长具备一定的社会地位和经济力量，可以给予少先队活动更好的资源依托和物质支撑。

家长要做好志愿辅导员，要做到以下几点：

一、学好《中国少年先锋队章程》，按照"章程"的要求去做。辅导员的指导作用是通过发挥少先队组织的教育作用，开展少先队活动，培养少先队集体来实现的。辅导

员的指导不是简单的、随意的和武断的，一个优秀的辅导员应当善于把自己的指导与少先队员的积极性、主动性、创造性结合起来，有计划、有步骤、潜移默化地把自己的指导融入少先队工作的各个环节。

二、辅导员的指导作用也要通过自身的模范作用来体现。指导作用不仅表现在具体工作中，也表现在辅导员的形象中，辅导员的一言一行无不时刻影响着孩子，成为他们的楷模和判断是非的标尺。辅导员要时刻注意自己的榜样作用，以自身良好的风范去感染周围的每一个孩子，使他们成长为富有远大的理想、高尚的情操、丰富的知识和强健的体魄的一代新人。

三、正确处理好指导者和亲密朋友的关系。少先队辅导员作为少年儿童的指导者，在少先队工作中需要发挥教育和引导作用，作为孩子的亲密朋友，需要和孩子打成一片，建立和谐、融洽、信任的关系。指导者和亲密朋友二者并不矛盾，是相辅相成、相互促进的关系。只会以指导者自居，就会增大与孩子的心理距离，难以实现工作目标；只强调朋友关系，一味迎合孩子，也就失去了辅导员指导的意义。辅导员只有取得了亲密朋友的资格，才能成为他们的指导者。

在实际工作中，应当注意与学校的辅导员在工作上紧密配合和相互协调。

学问：寓教育于活动之中

少先队教育是一门科学，内涵丰富，涉及广泛，家长热心少先队工作，首先要把握好教育原则。

坚持正面教育，启发诱导的原则。少年儿童处于长知识、长身体的阶段，身心各方面都不成熟，辨别和分析客观事物的能力较差，模仿性较强。这就要求辅导员在工作中坚持以正面教育为主的原则，对少年儿童进行以爱国主义为基础的理想教育，以学英模为主要形式的革命传统教育，以集体主义为核心的道德教育，以培养自理能力为起点的劳动教育和以培养合格的社会主义公民为基本目标的民主与法制教育，按照人的全面发展的方向，培养少年儿童健康的精神素质。

坚持不懈地进行正面教育，就需要辅导员善于通过感染、启发、说服、示范、鼓励等办法，耐心地、长期地教育和引导少年儿童，使他们茁壮成长；要善于用革命领袖和英雄模范的形象鼓舞少年儿童，为他们树立学习的榜样；善于用社会主义现代化建设事业中的感人事迹，鼓舞他们立志为人民、为祖国、为人类做贡献；善于表扬少年儿童的好思想、好行为，激励他们的上进心；善于用生动的事实讲道理，帮助他们明辨是非；对他们提出适当的要求并教育他们努力做到。

由于少年儿童的可塑性强，缺乏自制力，不仅常常做错事而且错误改正了也会再犯，甚至一犯再犯。因此，对他们的教育必须耐心反复地进行。

少年儿童的缺点和不良习惯，要具体问题具体分析，采用正确的教育方法。贪新图奇，爱动爱问是少年儿童的天性，不能把少年儿童的活泼爱动当作调皮捣蛋，把好奇敢问、爱提意见说成是故意作对。恰恰相反，这些正是孩子的特点。不能采用粗暴的做法对孩子消极限制、讥讽挖苦、动辄斥责，甚至体罚和变相体罚，如果这样做，就会挫伤少年儿童的自尊心和自信心。对孩子进行正面教育的同时，也需要帮助他们认真分析、批判社会上反面的错误的东西，使孩子们从比较中获得"免疫力"，这也是正面教育的必要补充。但这样做要加强教育和引导，要有选择、有分寸、扶正压邪。如开展"给社会现象打打分"活动，辅导员就要注意引导孩子从纷繁的社会现象中认清真、善、美，辨出假、恶、丑，扬善抑恶，褒美贬丑，提高孩子们分辨事物的能力。

正面教育就要给孩子信心、力量、勇气和智慧，是积极的教育，它与消极的惩罚截然不同。孩子犯错与成人犯罪不同，不能简单地使用消极惩罚的办法，惩罚只能增加孩子的抵触情绪，劳而无功，甚至为今后的教育增加难度。比如，针对队员缺乏理想信念的问题，不是斥责他们"胸无大志"，而是带领他们通过参观、访问等形式，鼓励他们从小立志，长大为祖国建设做贡献；针对不认真学习、成绩差的问题，不是挖苦他们"呆头呆脑""没出息"，而是要给他们讲科学家刻苦学习、潜心研究的感人事迹，并参观图书馆，介绍好方法，正面调动孩子学习的积极性。

要特别重视儿童自主、自立能力的培养，让儿童在自己的组织里学习民主，学会自己管理自己。辅导员的任务是当好参谋，而不是当"保姆"，既不能包办代替，也不能放任自流，把握好工作分寸，姓"导"不姓"包"，放手不放任，善于把自己的指导作用与发挥少年儿童的主动性、积极性和创造性结合起来，充分发挥少先队的组织教育作用。

培养少先队集体，充分发挥少先队的组织作用，是少先队工作的中心环节。马克思指出："只有在集体，个人才能获得全面发展其才能的手段。"少年儿童在少先队这个集体中，可以培养崇高的荣誉感和责任感，养成民主集中制的习惯，为成长打下良好的基础。少先队组织之所以有力量，就在于它依靠集体，依靠少年儿童的积极参与来解决各种问题。

培养少先队集体，需要帮助少先队员在每个时期都制订出集体的工作计划和奋斗目标，并按照先易后难、循序渐进的原则提出要求。

培养少先队集体，需要辅导员每时每刻都注意培养和锻炼少先队积极分子，为他们提供各种机会和广阔的活动舞台，充分发挥他们在少先队组织里的主人翁精神和积极作用，形成少先队集体的核心。

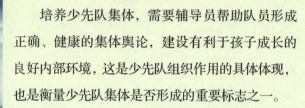

培养少先队集体，需要辅导员帮助队员形成正确、健康的集体舆论，建设有利于孩子成长的良好内部环境，这是少先队组织作用的具体体现，也是衡量少先队集体是否形成的重要标志之一。

我们来看一个活动实例：某学校在"求美、向善"校训的指导下，少先队工作开展得有声有色，活动更是丰富多彩，在"小博士的发现之旅"活动中，就有家长作为志愿辅导员的功劳。

"如果你想听听杭州的民间故事就来找我吧，我可是杭州民间故事的小专家哦！"在少先队"小博士"发现之旅的活动中，很多队员都成为了"小专家""小博士"，对家乡杭州的名胜古迹、名人事迹、民间故事等方面了解甚广，个个都是自信的小主人。

可是在活动开展之前，队员们对家乡的了解却是另一番情景。每次让队员谈谈家乡杭州的时候，答案都仅限于美丽的西湖、西湖龙井、杭州丝绸等几个单一的词，要让他们更详细地介绍就有些困难了。

学校少先队成立了"小博士"考察社团，让队员们以小队考察的形式深入了解杭州的方方面面，伴随着发现之旅的脚步，感知家乡、感悟生活。"小博士"社团吸引了很多队员报名参加。大队部根据队员不同的兴趣爱好，分别组成了"名胜古迹""杭州新气象""杭州概况""名优特产""杭州歌曲""杭州民间传说""名人名家"7个考察小队，并由队员自荐或推荐产生了各小队队长。根据队员提议：给每个小博士考察队配备"博导"，确保考察活动顺利开展。这个建议得到队员们的积极响应。大队部把"导师"的选择权交由队员们自己决定。队员们通过各种形式选择"导师"，制定了"导师"标准：有责任心，会给我们提供指导，愿意参与我们的考察活动。还制定了较为严格的程序：通过队员推荐，小队讨论确定，征求入选导师个人意见，邀请导师见面等环节才能最后确定。没过几天，每个小队都为自己选择了1—2名优秀的"导师"，其中充满活力、经验丰富的热心家长成为主力。各小队给"导师"们发了制作精美的"导师邀请函"。

7个考察小队的9位"导师"光荣上岗。

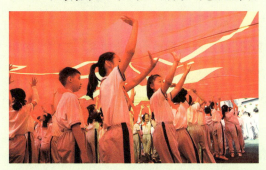

在"导师"的指导和带领下，各个考察小队都积极行动起来了。在假日里，"小博士"们的身影不仅出现在杭州的各大博物馆和文化旅游场所，还时常穿梭于杭州的大街小巷和胡同里。每个"小博士"都带着任务去考察。为了获得第一手资料，笔记、照相必不可少，有的甚至还随身带着录音笔、小型录像机，俨然一副小记者的形象。他们的认真劲儿，丝毫不亚于专业的考察者。

"杭州特产"考察小队在家长的带领下，跑博物馆、逛超市、做调查，对西湖龙井、王星记扇子、丝绸、天堂伞、张小泉剪刀等杭州特产进行了全面的了解。为了更加深入地了解特产，在"导师"帮助下，到特产厂家进行实地考察。他们带上了预先准备好的采访提纲来到了张小泉剪刀厂，找厂长、员工询问有关剪刀的来历、生产过程、销售业绩等情况。通过考察，队员们对家乡的特产有了更进一步的了解。在整个调查过程中，他们还发现，杭州的特产与其他城市相比具有种类丰富、选择余地大、质量好，方便携带等优点，深受游客的喜爱。不知不觉地，队员们做起了杭州特产的义务小宣传员。

歌曲考察小队在家长的启发下到敬老院向老人们调查，在那里，他们找到了很多原汁原味的杭州童谣：有杭州的桥、杭州的小吃、杭州的历史传说等，仅摇篮曲童谣就有

十几首。学习音乐的他们还学会很多童谣。一位队员说："以前认为童谣仅仅是有趣、好听而已，通过这次收集，我慢慢发现原来童谣不仅有趣、而且还包含了许多知识。比如说以前的生活方式和孩子们的游戏方式、一些植物的生长习性等，这些都是我以前所不知道的。"

随着"小博士"考察的不断深入，他们收集的资料越来越多，他们的情感也逐步变得丰富和细腻。他们通过努力实现了考察的目标，更重要的是他们发现了自己身上的变

化。队员们纷纷感言：在"发现之旅"的路途中，自己不知不觉地成长了！

美国华盛顿图书馆的墙壁上写着3句话："听过了，就忘记了。""看过了，就记住了。""做过了，就理解了。""小博士"考察家乡的实践活动在家长们作为志愿辅导员的指导下生动地诠释了第三句话，在活动中体验，在体验中感悟，在感悟中成长，将"热爱家乡"的情感内化，明理笃行，达到了弘正致远的教育效果。

在了解了少先队组织的性质、任务、特点以及志愿辅导员的岗位要求、工作方法和活动原则后，我们不难得出结论：少先队的教育作用是以课堂为中心、以教师为中心、以课本为中心的学校所不能代替的。如果说，学校教育偏重的是自上而下的灌输，那么，少先队偏重的就是自下而上的配合，二者应该互相补充和有机配合。少先队辅导员队伍的建设至关重要。家长的主动参与无疑是对少先队工作最有力的支持，也是加强少年儿童素质教育的生动体现。

今天的红领巾，明天的建设者；今天的少先队员，明天就是社会主义现代化事业建设的生力军。人生乐在苦耕耘。我们应当满怀热情地关心少先队、支持少先队，为少先队事业的蓬勃发展、为少先队员的快乐成长做出贡献，让我们的旗帜永远像火一样红！

11 一个迫在眉睫的话题：生态文明建设从娃娃抓起

建设生态文明，已经成为我们的基本国策。

生态文明建设是一项复杂而艰巨的社会工程，生态文明教育是国民素质教育的重要组成部分，系统而博大，小学的生态文明教育难在意识培养，重在习惯养成，意在素质提升。

生态文明首先要从家庭做起，生态文明教育要从家长开始，从讲清道理、明确要求，提升认识入手，分清荣辱对错，明辨善恶美丑，才能形成正确的价值判断，形成良好的道德风尚；确立起人人皆知、普遍奉行的价值准则和行为规范，形成有益于社会发展促进长治久安的人际关系和环境氛围。引导孩子懂得生态文明既是强国富民振兴中华的必由之路，也是合格公民基本的价值取向和行为准则，是传承中华民族传统美德与创新时代精神的具体实践。

生态文明教育具有鲜明的政治倾向，深刻的文化内涵，丰富的社会实践，生动的儿童趣味，必须重在潜移默化，贵在润物无声。

低碳：让 PM2.5 降下来

茫茫宇宙中，有一颗蓝色的星球，那就是我们生活的家园。宇宙只有一个地球，我们生活在地球母亲的怀抱中。喜马拉雅白雪皑皑，长江黄河波涛滚滚……生活在这样的国土，我们应该快乐而又幸福。但一个严峻的现实摆在我们面前，那就是空气污染。

生活在北京的人尝够了雾霾带来的苦头，并由此开始熟悉并关注一个陌生的符号——PM2.5。

雾是由大量悬浮在近地面空气中的微小水滴或冰晶组成的气溶胶系统，多出现于秋冬季节，是近地面层空气中水汽凝结的产物。雾的存在会降低空气透明度，使能见度降低。

霾是由空气中的灰尘、硫酸、硝酸、有机碳氢化合物等粒子组成的，能使大气混浊，视野模糊并导致能见度降低。

雾霾天气的形成主要是人为的环境污染，再加上气温低、风小等自然条件导致污染物不易扩散。

PM2.5是指大气中直径小于或等于2.5微米的颗粒物，也称为可入肺颗粒物，在大气成分中含量很少，但对空气质量和能见度等有重要影响。PM2.5粒径小，富含大量有毒有害物质且在大气中停留时间长、输送距离远，对人体健康和大气环境影响很大。2012年2月，国务院同意发布新修订的《环境空气质量标准》增加了PM2.5监测指标。

PM2.5是主要由汽车尾气、工业废气、冬季烧煤供暖所产生的废气、扬尘等组成，人类污染物排放是造成雾霾天气的内因，是"主谋"。大气环境正处于严重污染，二氧化硫、烟尘、工业粉尘的排放量居高不下，已经超过环境的承载能力。城市空气污染严重。空气中的主要污染物是可吸入颗粒物和二氧化硫。北京的严重雾霾已经达到六级污染，可吸入颗粒物浓度大大超过国家空气质量标准。随着汽车的增加，北京等大城市出现煤烟和汽车尾气复合型污染。目前，首都机动车已达600多万辆，由于汽车尾气多排放在低空，儿童吸入量为成人的2倍，长期吸入可导致贫血、眼病、肾炎等"城市儿童交通病"，血铅浓度超标会导致儿童智力障碍。

PM2.5的指数按照空气质量指数大小分为六级，指数越大、级别越高说明污染越严重，对人体的健康危害也越大。

1. 0—50，一级，优，绿色表示。空气基本无污染，可多参加户外活动，多呼吸清新空气。

2. 51—100，二级，良，黄色表示。可以接受，除了少数对某些污染物特别容易过敏的人群外，不会对人体健康产生危害，可以正常进行室外活动。

3. 101—150，三级，轻度污染，对污染物比较敏感的人群如老人或小孩、有呼吸道疾病或者心脏病的患者要多注意，应尽量减少体力消耗大的户外活动，但对健康人群没有明显影响。

4. 151—200，四级，中度污染，对每个人的健康都会有危害，其中以敏感性人群（呼吸道疾病、皮肤敏感）最为显著。

5. 201—300，五级，重度污染，对每个人健康产生比较严重的危害，应适当减少室外活动，特别是老人、小孩、呼吸道疾病和心脏病患者应该尽量留在室内。

6. 大于300，六级严重污染，所有人的健康都是会受到严重危害，除有特殊需要的人群外，都不要留在室外。

由此可见，保护大气环境，治理大气污染刻不容缓。

出路在于生态文明，治理在于低碳生活。为此，每年的 6 月 17 日成为全国低碳日。

低碳生活是指生活作息时所耗用能量要减少，从而减低碳，特别是二氧化碳的排放。低碳生活是我们急需建立的一种绿色生活方式。

气候改善，始于低碳，尤其是对于人们深恶痛绝的雾霾，多一分低碳，就少一分"霾"怨。低碳新时尚，也是生活正能量。

低碳生活可以节约不可再生的能源，促进经济又好又快发展；可以保护环境减少污染，减缓温室效应之类的气候变化；可以促进科技发展，研究开发出更多更环保的绿色节约型能源。

我们之所以生活还不够低碳，是因为很多人觉得无所谓，只要自己过得舒服就行，没有必要苦了自己，结果只能是空气越来越糟糕，身体素质越来越差，生活质量越来越下降。近年来，北京市环境质量较以前好了许多，就是因为普遍注重低碳生活的结果。所以，家长要带领孩子多多参与环保公益活动。

做到下面这些小事并持之以恒，对实现低碳生活有重要作用：交换、捐赠、改造多余废旧品，将生活废弃物分类处理；少用一次性餐具等一次性用具，如用手帕代替纸巾；采购绿色食品、环保家庭用品；节约用水用电用气，如随手关灯、生活用水循环用、选择低能耗电器、家用电器不待机等；根据实际需要选择出行方式，尽量使用公共交通（少乘飞机、少开私家车等）；"低碳"办公，多用电子邮件、MSN等即时通信工具，少用打印机和传真机；午餐休息时和下班后关闭电脑及显示器（这样做除省电外还可以将这些电器的二氧化碳排放量减少三分之一）；办公室内种植一些净化空气的植物，如吊兰、非洲菊、无花观赏桦等（主要可吸收甲醛，也能分解复印机、打印机排放出的苯，并能咽下尼古丁）；重复再利用纸张，如用废弃的报纸、杂志的空白处打草稿；"低碳"出行，五层以下用爬楼梯代替坐电梯（每次平均可减排二氧化碳600克）；多步行或骑自行车，乘坐轻轨或者地铁（可比乘汽车减少1700克的二氧化碳排放量）；购买低价格、低油耗、低污染，同时安全系数不断提高的小排量车；开车出门购物有计划，尽可能一次购足；网上购物减少交通出行；脸盆接水洗脸，每天可减排二氧化碳2克；手洗衣物，每次可减排二氧化碳300克；空调调高1℃，每台每天可减排二氧化碳175克（全国每年节电33亿度。另外，降低室内外温差，也减少了患感冒的概率）；选用节能电器，如果全国的家庭都用它，每年能减排温室气体330万吨；电视屏幕暗一点（中国目前有3亿台电视，每年就可以省电50亿度）；用完电器拔插头（如果人人坚持，全国每年省电180亿度）；煮饭提前淘米，并浸泡10分钟（如果全国1.8亿户城镇家庭都这么做，每年可减排二氧化碳78万吨）；饮水机不用时断电（如果全国约4000万台饮水机都采取这一措施，那每年可减排二氧化碳1405万吨）；实行垃圾分类回收；多吃蔬菜少吃肉，避免油煎、油炸等烹调方式，蒸、煮、烫最好；经过复杂料理的汤汁（如煲汤）不要喝，尽量喝清汤，不喝浓汤类；大棚种植果蔬会消耗大量能源，选择应季蔬菜水果（每公斤减排二氧化碳400克）。

　　家长们请记住，上述这些低碳生活的措施，一定要和孩子一起做，而且有些事情孩子可以自己做，如自备购物袋、洗菜水冲厕所、淘米水浇花、上下学尽量乘坐公共汽车、不用电器就关掉电源、不彻夜开空调、上下楼尽量不乘电梯、洗衣服自然晾干……

环保：让天更蓝水更清

当前，威胁人类生存的十大环境问题是：全球气候变暖、臭氧层的耗损与破坏、生物多样性减少、酸雨蔓延、森林锐减、土地荒漠化、大气污染、水污染、海洋污染、危险性废物越境转移。这些问题已经引起了全世界的广泛关注。为此，2009 年第 63 届联合国大会决议将每年的 4 月 22 日定为"世界地球日"。

在我国，环境保护情况严峻，问题严重，不容忽视。森林是地球之肺，可是在一些地方成片成片地砍伐森林，甚至连幼林也难以幸免；一些企业把河流变成了他们的排污池；一些厂矿排污严重超标，把污染物排入空中、排入河流；公共场所或马路上，有些人随地乱扔垃圾，小区垃圾不分类；一些街头饭馆，剩饭剩菜连同污水倒得马路上遍地都是……这一幕幕，确实让我们感到忧虑。

人类走向文明的过程其实也是人类爱护环境和环境施惠于人的过程。保护环境，不仅仅是政府采取几项措施，新闻单位广为宣传，更重要的是必须使每一位公民树立爱护环境、保护环境的意识，全民投身环境保护工作。只有这样，环境才会报答我们，爱护地球像爱护我们自己，地球也将奉献给我们所有的一切。

近年来，我国不断加大生态环境保护力度，全国建立自然保护区 2000 余个，占国土面积的 14.4%，初步形成了全国性的保护区网络。有 21 处自然保护区加入"世界人与生物圈保护区网络"，21 处自然保护区被列入《国际重要湿地名录》，3 处自然保护区被列为世界自然遗产地。造林绿化取得成效，合理利用森林资源有了较大进展，全国森林面积达到 2.08 亿公顷，森林覆盖率达到 21.63%，总面积居世界第五。

环境保护要从娃娃抓起。

1997 年北京市海淀区太平路小学成为全国第一所手拉手地球村，这既是崇高的荣誉，也是神圣的责任。从此，每年的世界地球日学校都组织学生了解世界地球日的相关知识，掌握生活中的基本环境保护方法，并养成节约能源、资源环保回收的习惯，让师生牢固树立可持续发展理念。

为了给小小"地球村"增光添彩，学生除开展环保论坛、自制环保小报、社会调查、环保纪念日宣传等活动外，还把每月月末定为环保回收日，将回收所得全部捐到了中国手拉手地球村办公室。这项活动到2017年已经坚持了20年，环保回收已成为学校的一项特色活动。

近年来，学校坚持立德树人，将生态文明教育作为素质教育工程来抓，在培育和践行社会主义核心价值观的过程中引导师生强化环境保护意识，形成了争做环保达人的生动局面。这得到了广大家长的理解与支持。有的家长主动帮助孩子从衣、食、住、行、用等方面算账，看看自己的生活方式是不是环保。鼓励孩子垃圾分类，在家里种植绿色植物，在小区认养小树，和孩子一起成长，从点滴小事做起，为保护蓝天，低碳生活做出努力。

在环保活动中，一位少先队员创作了这样一个感人的故事：

河湾里有一条聪明可爱的小鱼，它的名字叫清清。为什么叫清清？得问给它起名字的奶奶，因为奶奶最喜欢清亮的大河水。

清清的家在河底中心的塔楼里，那里住着它的奶奶、父母和哥哥姐姐。一天，清清和哥哥姐姐们到附近的一个河湾里去玩儿，它们追逐着、打闹着，无忧无虑，活泼可爱。游着游着，突然闻到一股臭气。好难闻的气味呀！清清还从未闻到过那样难闻的气味，呛得喘不上来气，使不上来劲儿，脑袋发晕眼发花，嘴里直吐白沫。努力往前看去，只见前面不远的地方隐隐有一道黑色的水流正向四处漫延。哥哥说了声："你们待在这儿别动，我去看看前面究竟发生了什么事儿？"话完勇敢地钻进浓浓的黑水中，任凭清清和姐姐喊破了嗓子，还是不见身影，哥哥再也没回来。它们感到情况不妙，马上跑回家把这件事告诉了妈妈。妈妈先是一愣，半天才缓过劲儿来，只是轻声地说了一声："知道那个化工厂一开就不妙，没想到这一天来得这么快！"

奶奶听到噩耗，更是老泪纵横，捶胸顿足地说："可恶的化工厂，还我孙儿的性命来！我活了大半辈子，从没见过像这些天这么脏的水。不行，我要找他们算账去！"

大家拦住奶奶，妈妈说："找谁说理呢？这都是那些万能的人干的啊！人类啊，你们太虚伪了！你们一面高喊着要和我们做朋友，一面向我们下毒手！难道这就是你们所谓的文明吗？""奶奶，此地不可久留，我们还是赶快搬家吧！否则过两天我肚子里的宝宝一出世就不大方便了。"奶奶无奈地说："看来也只有这样了，孩子们收拾行李，快走吧！"

"我不走，我要等爸爸回来一起走，要不他找不到我们会着急的！"清清着急地说。妈妈抚摸着清清的头轻声地说："傻孩子，别等了，你爸爸从来没在天黑后回过家，可是这一次出去三天都没消息，估计也是凶多吉少，走吧！否则就来不及了！"

就这样，清清一家开始了仓促的大迁移。

它们游啊游啊！实在游不动了，清清妈妈觉得自己的肚子疼痛难忍，赶紧说："奶奶，我们休息一下吧，小宝宝要出来了。""真的！太好了，谢天谢地，我又有孙子孙女喽！"果然，没过一会儿，小鱼宝宝出世了。清清高兴地拍手直叫："太好了，太好了！我又有弟弟妹妹了！"姐姐兴奋地说："你看它们多可爱呀，就像是玻璃做的，奶奶，我们小时候也是这个样子吗？""和你小时候一模一样！"妈妈对新出生的鱼宝宝喃喃地说："真是对不起，现在把你们生下来，让你们受苦啦！来吧，孩子们，我们必须在天黑前游出这片水域，否则黑水还会漫延过来！"就这样，清清一家还没来得及庆祝，就又匆匆上路了，清清边游边问妈妈："妈妈，那些黑水是从哪儿来的？"妈妈无奈地说："我们河湾附近新盖了一家化工厂，人们只顾赚钱，不加处理就直接把废水排进河里，所以河水就变脏了，好在我们逃离了那里，不过，这里也不会太平静……"

正说着，妈妈忽然觉得头顶上有个东西往下沉，马上下意识地大声喊道："不好，有渔网！"听到喊声，大家各自游开，敏捷地躲过渔网，可是刚出生的鱼宝宝没有一个幸免，全部落入网中。奶奶、妈妈、清清、姐姐一边随着网向上游一边教鱼宝宝往外钻。奶奶说："好孩子，憋住气，把身子缩小，向下游，用力。"鱼宝宝在奶奶的指挥下拼命挣扎着。妈妈围着网转了一圈说："不行，渔网太密，我得帮帮它们！"妈妈不顾一切，用尽全身的力气撕咬着渔网。可是渔网丝毫无损，眼看着被拉出水面，妈妈还是不肯放弃，就这样也被提了上去。

奶奶急眼了，痛骂道："人类呀！你们这是要干什么？难道真要让我这个老太婆断子绝孙吗？我诅咒你们！"清清和姐姐哭着喊着要妈妈，奶奶只好忍住悲痛带着它们继续向安全的地方游去。

这天晚上，清清怎么也睡不着觉，躺在河底心里想："要是我能变成人，一定来帮助鱼儿过上幸福平安的生活！"想着想着便进入了梦乡。在梦里清清真的变成了人，建了一个污水处理厂，把污水净化后再排到河里。大河变得清澈了，鱼儿们尽情地玩耍，安居乐业，快乐生活。它们玩得那么开心，清清乐得嘴都闭不上了……

清清正高兴呢，就听见一声大叫："清清快跑！污水冲过来了！"清清从梦中醒来，赶快跟着奶奶、姐姐拼命向前游去，一边游一边想：要是刚才那个梦是真的该多好呀！

孩子的故事对我们不无启发，孩子的行为更值得我们重视。

环境是发展的基础，发展依赖于环境，只有转变发展方式，人类才能拥有未来。在认识环境、了解环境的同时，我们更应该审视我们的过去，思索我们的未来。保护环境的关键在于你、我、他的共同参与，在于我们每个人保护环境的责任感和使命感。低碳生活与每一个家庭每一个人息息相关，这不仅是政府的事，更是我们自己的事。我们应该把绿色奉为梦想，把梦想化为行动，用热情和努力奏响追求绿色与和谐梦想的乐章，从现在做起，从身边做起，共创生态文明。

节能：细水才能长流

水是人体的重要组成成分。人体的一切生理活动，如体温调节、营养输送、废物排泄等都需要水来完成。

水是生命之源，它滋润着世间万物，让森林青翠欲滴，让花朵缤纷灿烂，让小鸟婉转歌唱，让大地生机盎然。生命从水中走来，一代代生息繁衍；资源中水列头位，维持着人类的生存与发展。人类曾经生活在没有石油、没有电力、没有煤炭的年代，却一时一刻也没有离开过水。水，不仅是人类生命的源泉，而且是人类文明的摇篮。从某种意义上讲，水决定着一个国家和民族的生存与发展，并决定着国家和民族的未来与希望！

地球是一个蔚蓝色的水球，拥有丰富的水资源，可是随着人口数量的急剧增多，工业化进程的快速发展，城市化规模的不断扩大，水环境污染日益严重。清澈的河流湖泊被垃圾弄脏了，丰富的地下水源被人们超采了，正是因为我们的贪婪和愚昧，使得地球上的水资源正在日益减少。预计到 2025 年，世界上将会有 30 亿人面临缺水，40 个国家和地区淡水严重不足。水资源的危机已经迫在眉睫，为此，1993 年 1 月 18 日，第 47 届联合国大会提出建议，从 1993 年开始，将每年 3 月 22 日设立为世界节水日。

我国的大多数人口集中在包括黄河和长江在内的几条主要河流流经的区域。随着人们用水的急剧增长，这些河流水量不断减少，甚至出现了断流现象。

黄河是中华民族的母亲河。由于从黄河抽取越来越多的水来满足经济增长的各种需要，黄河开始难以满足供水需求。1972 年黄河水位大幅度下降，导致黄河在漫长的历史上第一次没有入海就干涸了。那年黄河断流 15 天，并在随后的 10 年中间歇性地出现断流。1985 年以来，黄河年年断流，而且断流的时间越来越长。1996 年，黄河断流 133 天。1997 年，由于干旱，黄河断流长达 226 天，这一年，河水有很长一段时间未能流到黄河出海所流经的最后一个省份山东。

黄河断流是我国缺水最明显的标志，缺水的警报不断被拉响。卫星照片表明，随着地下水位的下降和泉水干涸，近年来我国有数百个湖泊消失，许多地方小河断流。随着地下水位的下降，成千上万的农民发现他们的水井也干涸了。

就在大河断流、日益缺水之时，我国的需水量却在持续增加。据统计，我国 660 座城市中有 400 多座城市缺水，三分之二的城市供水不足，全国城市年缺水量为 60 亿立方米左右，其中缺水比较严重的城市有 110 个。北京也是一个严重缺水的城市，城市用水和工业用水量是新中国成立初期的 40 多倍。自 1949 年以来，北京曾经历三次大规模缺水危机。随着北京的城市扩张、工业发展和人口膨胀，缺水局面渐渐严峻起来。

就在距离北京不足百里的大山中，有一个极度缺水的贫困村，全村人只能靠一口水井来取水过日子，井里的水少得可怜。为了争取打到水，很多村民每天半夜就要起来排队。可渐渐地，打上来的水变成了被污染了的脏水，不能食用也不能使用。没办法，村民只好用马车到两里地以外的邻村去打水。全家人一天的正常生活都要靠一桶水来维持，饮用、洗菜、刷锅、洗漱……都要靠它。刷完锅的水洗菜，洗完菜的水还要留下来喂狗、喂鸡……

进入 2014 年，北京施行阶梯水价，也就是说，用的水越多，水的单价就越高。为什么要这样做，因为缺水，需要控制用水，需要节约用水。

由于雨水偏少，加上北京用水量逐年增加，昔日丰满的水库日渐干涸。1999 年以来北京连续多年干旱，年均降雨量只有 480 毫米，导致密云水库、官厅水库进水严重不足。而与此同时，北京的用水量却在急剧增长。2013 年夏季，北京市区最高日供水量达到 298 万立方米，已经接近 318 万立方米的日供水能力极限。与 1998 年相比，北京的地下水位已经下降 12.8 米，地下水储量减少 65 亿立方米。到 2013 年年底，人均水资源量由 1998 年的人均 300 立方米锐减至 100 立方米左右，不足世界平均的 1/80。

从南方坐火车进京，总会在进入城区之前经过一个宽 500 米左右的干涸河床，这便是被冠以北京"母亲河"之名的永定河。永定河曾是海河流域最大的支流，年流量一度达 20 亿立方米。如今已经断流多年，层层拦截、层层污染的结果是永定河慢慢地消失了。

实际上，历史上的北京水系发达，舟楫可直达江南。垂柳岸边，野渡舟横，曾是昔日燕京的如画之景。明清时候的北京河流非常多，大大小小有 400 多条，到处都是水面、湿地，地下水也非常丰富，这从北京地区的名称上就可以看得出。海淀为什么叫海淀，"海"是水面大的意思，"淀"是浅湖的统称。当年永定河出山以后向北流，流向今天的昆明湖、清河一带，圆明园、北京大学、清华大学、中央党校等很多地方都有很大的水面。那时候修官厅水库、密云水库，为的是防洪，现在水越来越少，水库的功能由防洪变成了蓄水，主要是给城市供水。

解放以来，北京一共兴建了大、中、小型水库 84 座，修建引水渠 150 公里，修建大、中型蓄水闸 50 座，开凿各种水源井四万余眼。可随着城市发展、人口增多，水还是不够用。

面临严重缺水的现实，北京一直在谋求从外地调水，距离京城 200 公里之外的唐山曹妃甸的渤海水预计在 2019 年可以淡化进京，可解决北京近三分之一的城市用水。然而，淡化海水的成本非常高，大约是每吨 8 元左右，是现行居民用水价格的两倍。

根据《北京市"十二五"时期重大基础设施发展规划》，北京已实现"南水北调"，以缓减北京水资源紧缺形势。

缺水的另外一个原因是水污染。人们的生产生活使大量的工业、农业和生活废弃物排入水中，使水受到污染。全世界每年约有 4200 多亿立方米的污水排入江河湖海，污染了 5.5 万亿立方米的淡水。

水污染被称作"世界头号杀手"，对人类生存安全构成重大威胁。据世界权威机构调查，在发展中国家，各类疾病有 80% 是因为饮用了不卫生的水而传播的，而且每年至少造成全球 2000 万人死亡。

水如果污染，人饮用后会引起急性和慢性中毒，如甲基汞中毒（水俣病）、镉中毒（痛风病）、砷中毒、铬中毒、氰化物中毒、农药中毒、多氯联苯中毒等。某些有致癌作用的化学物质，如砷、铬、镍、铍、苯胺和其他的多环芳烃、卤代烃污染水体后，可以在悬浮物、底泥和水生生物体内蓄积。长期饮用含有这类物质的水，或食用体内蓄积有这类物质的生物就可能诱发癌症。人畜粪便等生物性污染物污染水体，可能引起细菌性肠道传染病，如伤寒、副伤寒、痢疾、肠炎、霍乱、副霍乱等。某些寄生虫病，如阿米巴痢疾、血吸虫病、贾第虫病等，以及由钩端螺旋体引起的钩端螺旋体病等，也可通过水传播。

在北京市的北部和东部地区，有一个流域面积大、支流多的水系，叫作北运河。它上游的温榆河、清河、坝河、通惠河、凉水河等自西向东流向的河流几乎全部注入了北

运河，最终汇集到一起，至天津汇入海河后入海。

北运河几乎所有支流的水质都属于劣Ⅴ类，黄绿色的河水、发臭的垃圾堆、漂浮着的白色泡沫，曾经鱼肥水美的北运河里再也找不到鱼虾的影子。造成污染的源头是什么呢？主要是生活用水污染，居民们把生活污水，甚至垃圾直接排入河道。

在北京的五大水系中，潮白河水系水质最好，永定河水系排第二，蓟运河、大清河和北运河水系总体较差，污染严重。2003 年起，北京市政府开始对北运河进行治理，河水从黑色

逐渐变成黄绿色。

水资源如此宝贵，但在现实生活中，我们经常看到这样的情景：孩子打开水龙头，水哗哗地流向洗手池，有的孩子边洗手边打闹，水花四溅，然后随手一关，也不管水龙头还在滴滴答答地淌水便扬长而去。他们很少想过，水从哪里来？洗完手后的水又到哪

里去？电视里播过这样一则公益广告：画面上有一个水龙头，正在艰难地往外滴着水，滴水的速度越来越慢，最后水枯竭了。画面上出现了一双眼睛，从眼中流出了一滴泪水，随后出现的是这样一句话：如果我们不珍惜水资源，那么地球上的最后一滴水，将是我们的眼泪！

这绝不是危言耸听！

节约用水，成为生态文明教育的重大课题，成为家庭教育的重要内容！

有这么一个故事：从前，在中原的伏牛山下，住着一个叫吴成的农民，他一生勤俭持家，日子过得无忧无虑，十分美满。临终前，他把一块写着"勤俭"二字的横匾交给两个儿子，告诫他们说："你们要想一辈子不受饥挨饿，就一定要照这两个字去做。"后来，兄弟俩分家时，将匾一锯两半，老大分得了一个"勤"字，老二分得了一个"俭"字。老大把"勤"字恭恭敬敬高悬家中，每天日出而作，日落而息，年年五谷丰登。然而他的妻子过日子却大手大脚，孩子们常常将白白的馍馍吃了两口就扔掉，久而久之，家里没有一点余粮。老二自从分得半块匾后，也把"俭"字供放中堂，却把"勤"字忘到九霄云外。他疏于农事，又不肯精耕细作，每年收获的粮食很少，尽管一家几口节衣缩食、省吃俭用，也是饥苦难当。这一年遇上大旱，老大、老二家中都已是空空如也，情急之下他俩扯下字匾，将"勤""俭"二字踩碎在地。这时候，突然有两张纸条从匾内飞出，兄弟俩连忙拾起一看，上面写道："只勤不俭，好比端个没底的碗，总也盛不满！""只俭不勤，坐吃山空，一定要受穷挨饿！"兄弟俩恍然大悟，"勤""俭"二字原来是不能分家的呀！

人无俭不立，家无俭不旺，国无俭不强，因此，开源固然重要，节流也不容忽视。

要让孩子们知道，北京人均生活用水量 210 升 / 日，远高于全球每日人均约 170 升的用水量。这些水真的都被有效利用了吗？让孩子反省一下，有没有下面这些行为：

◎刷牙时不关水龙头。

◎洗澡涂肥皂时不关水龙头。

◎洗衣服时不用手搓而只用水冲。

◎洗一点东西却用大量的水。

◎和同学用水枪打水仗。

◎瓶装水喝几口就扔掉。

◎冲马桶时总要用满满一箱水。

◎先洗水果后削皮。

◎用水期间去开门、接电话、换电视频道。

◎停水时忘关水龙头，来水时水流没人管。

只要改掉这些不良习惯，就能节水 70% 左右，不仅为家里省了钱，也为社会节约了水资源。

节约用水关系到国计民生，关系到长治久安，关系到子孙万代，一定要充分认识、高度重视，积极行动起来。家庭是社会的细胞。节约用水应当从每一个家庭开始。家长一方面从自己做起，一方面带动孩子，在打肥皂、打洗发液时关上水龙头；把洗衣服、洗菜的水存起来擦地板、冲马桶……这些看似微不足道的"抠门小事"，不但为我们节约了宝贵的资源，而且还为孩子做出了实实在在的表率。

家庭节水有许多窍门，只要我们开动脑筋，就会想出办法；只要我们积极行动，就会收到良好效果。治污为先，节水为本，建立高效节水型社会要从每一个家庭开始，用我们的文明习惯换来一方净土、一片蓝天、一泓碧波，用绿色情怀拥抱我们的未来！

家长们，开动脑筋想一想，家庭节水还有哪些窍门？检查一下自己家庭的节水情况，和孩子一起商量加以改进吧！

节能的范围很广泛，对家庭来讲，最重要的除了节水之外，还有节电和节粮。小学生还要节约用纸。

电是宝贵的能源，节约的秘诀在于养成随手关灯的好习惯，例如告诉孩子做到：

◎电风扇耗电量与转速成正比，应尽量使用中挡或慢挡，慢挡比快挡可省电三分之一。

◎电视机把亮度开小些，不仅节能，还能延长使用寿命。

◎空调设定温度适当调高，多用睡眠状态。

◎电器每次使用完毕，应把电源插头拔出，否则，即使电器上的开关关闭，电源变压器仍然接通，不但白白浪费电能，有时还会发生火灾和触电事故。

◎白天如果不是特别需要，家里要关灯。

◎突然停电时要关上开关，避免来了电无人而灯火通明。

◎电视不看时和电脑不使用时要关机，不要处于待机状态。

粮食宝中宝，人人离不了。

"民以食为天。"我们要爱惜粮食，节约粮食，教育孩子做到：

◎每顿饭要按食量盛，吃多少就盛多少。

◎把碗里的饭菜吃得干干净净，积极参加"光盘行动"！

◎不随意倒饭菜，倒也要倒到厨余垃圾箱内。

◎外出就餐后吃不完要打包。

在学校里，有些同学喜欢把作业纸撕下来，折玩具，什么纸飞机、轮船、千纸鹤等。玩够了就随意丢弃，影响校园环境卫生。在家里，有的同学不注意保管学习用品，铅笔、橡皮、直尺、三角板等随便乱丢，也不积极寻找，找不到就不要了，再跟家长要钱买新的。家长应该通过各种方式引导孩子做到：

◎不撕作业纸折玩具，把未用完的作业纸收集起来再利用。

◎妥善保管好学习用品，用完后放到文具盒里。

◎文具用到实在不能用时才不用，做到物尽其用。

"历览前贤国与家，成由勤俭败由奢。"勤俭节约是中华民族的传统美德，是我们的传家宝。历代贤哲都在告诫我们：一粥一饭，当思来之不易；半丝半缕，恒念物力维艰。现代文明推崇勤俭节约，是对有限资源的珍视，是对过度消费的抵制。社会要进步，国家要发展，一切都离不开资源的消耗，更离不开人们的勤俭节约。让我们行动起来，从家庭做起，从小事做起，从现在做起，文明生活，以勤养志，以俭修德，节约每一滴水、每一度电、每一粒粮、每一张纸、每一支笔、每一分钱，让生态文明蔚然成风！

12 一个和谐育人的话题：
家长和教师手拉手心连心

　　我们所说的和谐教育，主要是指家庭教育与学校教育的配合、结合与融合，而且主要表现在家长与教师手拉手、心连心，齐抓共管，形成合力。

　　2015 年 10 月 11 日，国家教育部发出了《教育部关于加强家庭教育工作的指导意见》，特别强调了落实教育规划纲要，积极发挥家庭教育在少年儿童成长过程中的重要作用，促进学生健康成长和全面发展的重要意义。

　　文件指出：家庭是社会的基本细胞。注重家庭、注重家教、注重家风，对于国家发展、民族进步、社会和谐具有十分重要的意义。家庭是孩子的第一个课堂，父母是孩子的第一任老师。家庭教育工作开展得如何，关系到孩子的终身发展，关系到千家万户的切身利益，关系到国家和民族的未来。近年来，经过各地不断努力探索，家庭教育工作取得了积极进展，但还存在认识不到位、教育水平不高、相关资源缺乏等问题，导致一些家庭出现了重智轻德、重知轻能、过分宠爱、过高要求等现象，影响了孩子的健康成长和全面发展。当前，我国正处在全面建成小康社会的关键阶段，提升家长素质，提高育人水平，家庭教育工作承担着重要的责任和使命。各地教育部门和中小学幼儿园要从落实中央"四个全面"战略布局的高度，不断加强家庭教育工作，进一步明确家长在家庭教育中的主体责任，充分发挥学校在家庭教育中的重要作用，加快形成家庭教育社会支持网络，推动家庭、学校、社会密切配合，共同培养德智体美劳全面发展的社会主义建设者和接班人。

配合：心往一处想，劲往一处使

家庭教育与学校教育的和谐，首先体现在有机配合上。

要想做到有机配合，一个重要的前提是进一步明确家长在家庭教育中的主体责任，依法履行家庭教育职责。家长要及时了解和掌握孩子不同年龄段的表现和成长特点，真正做到因材施教，不断提高家庭教育的针对性。同时，也要及时了解和理解学校的办学理念和教师的育人理念，形成共识，形成合力。在配合的过程中，要坚持以童为本，尊重孩子的合理需要和个性，创设适合孩子成长的必要条件和生活情境，同时强调集体教育的重要性，让孩子懂得"我为人人，人人为我"的道理，积极融入集体生活，热心参与公益活动。家长还要不断提升自身素质和能力，积极发挥榜样作用，避免缺教少护、教而不当的弊端，有效实施家庭教育。

配合学校教育，具体来说就是配合教师的工作。中华民族有着悠久的尊师重教的光荣传统，过去家长看教师，往往是仰视的态度。这是因为家长普遍年龄低、学历低、收入低，家里的孩子又多，工作又忙，基本把教育孩子的责任托付给了教师，希望教师严格教育，甚至有些体罚都不在乎，对教师提出的要求也会努力达到。现在则不同，家长普遍年龄大、学历高、收入多，家里大多只有一个孩子，愿意主动承担教育孩子的责任，虽然也希望教师严格教育，但要求教师具备科学的理念、讲究科学的方法，对教师提出的要求会加入自己的分析和思考酌情而为，对教师是平视甚至是俯视的态度，造成了不少家庭和教育之间的矛盾和冲突。

举个例子来说：体育课上，同学们在做伸展动作时，甲同学不小心把乙同学的手背划了一道红痕，体育老师及时做了消毒处理。回班后，班主任对甲同学进行了教育，并对乙同学进行了安抚，两个学生相安无事。晚上，班主任却接到了乙家长的电话，质问老师为何不把学生送医院诊治，将来留了疤怎么办？

遇到这样的事情，这样的家长，任何一位教师都会头疼。

对于这样一起在校发生的学生安全意外突发事件，体育老师和班主任做到了冷静处理，认真负责，相互协调到位。乙同学家长之所以会打电话给班主任并提出质问，显然态度并不十分友好，其原因主要是心疼孩子，家长没有感受到学校对乙同学的关爱。尽管出于对学生安全的负责，班主任和体育老师已经做到了及时处理伤势，进行教育安抚，但家长对这些或许并不知情，没有直接体验，所以情绪激动。从发生的事实来看，家长担心将来留疤只是个说法，实质上是心理失衡，对学校有意见。

客观地讲，发生这样的事情是难以避免的，关键在于处理的艺术。甲同学不小心把乙同学的手背划了一道红痕，属于无意；同学之间经过教育，极易沟通谅解；体育老师对乙同学的伤势做出判断，并及时送校医室进行处理，听取校医老师的诊断和相关意见，处置得当；班主任适时介入，了解清楚事情的起因经过，进行了教育安抚，履行了职责。一切似乎都很完美，唯独疏忽了给家长打电话或发短信，结果受到家长埋怨。

班主任和体育老师的应对之策没有问题，问题在于都忽略了应当第一时间与家长取得联系，让家长了解情况并让家长了解学校所做的一切。

在这个问题处置的背后，还隐藏着一个家长如何信任学校、信任教师以及教师如何看待当今家长的问题。独生子女的家庭家长对孩子特别关注，甚至容易娇惯溺爱，一旦孩子有了些许伤害，就会十分紧张，甚至会追究学校和教师的责任。教师不要认为家长是故意找碴儿，难以对付。实际上广大家长是通情达理的，无理取闹、小题大做的只是极少数。有些家长之所以有所埋怨，是他们对介入教育有着极大的积极性，在发生教育事件的时候，想尽早获得知情权和话语权，而且他们内心深处会认为这是对他们是否尊重的衡量标准。因此，如果班主任晚上适时地给乙同学家长打电话慰问一下，听一听家长的态度，虽然有些劳累，却满足了家长对于学校和老师的心理诉求，一定会得到理解。

配合是双方的。家长一定要把教师看作是教育的合作者，双方都不是单纯的教育购买者与出售者。只有相互信任、相互尊重，才能做到积极配合，形成教育共识，和谐合力育人。

我们常常碰到这样的情况，孩子在学校犯了错，班主任打电话请家长，让家长配合教育做做工作，可有些家长认为是教师在推卸责任，给自己增添负担，产生了强烈的逆反情绪，甚至当着孩子的面指责教师，发牢骚，讲怪话。

家长要全面了解孩子在学校的思想、心理、学习、生活状况，主动采取多种方式与教师沟通，有针对性地进行教育，促进孩子德智体美劳全面发展。

家长与教师一样都是孩子健康成长的引路人，都肩负着教育好孩子的重任，其实是同盟军，目的是共同对孩子成长起到教育、引导和示范作用。教师请家长，家长要理解，摆正双方的关系，与教师进行恰当沟通，共商教育孩子的策略。家长与教师在人格上完全平等，之间不存在尊卑、地位的高低之分，谁也不比谁高一等。配合不好，乱发牢骚，只能伤害双方的自尊心和积极性，引起强烈的逆反心理，教育也只能事倍功半，非但达不到教育的目的，反而形成了教师与家长之间的隔阂甚至对立，于孩子的成长有百害而无一利。

家长必须以真诚的态度对待教师，在友好、愉悦的氛围中互相合作，共同探讨对孩子的最佳教育方法，以达到优化教育的目的。

精诚合作，才能赢得教育的主动权。当然，每个学生都来自不同的家庭，每位家长的文化水平、基本素养都不尽相同，他们的价值观、人生观也各异，因此，对教育孩子的态度、方式也各不相同。"护短型"的家长、"放任型"的家长、"溺爱型"的家长，甚至是"矫情型"的家长都认为自己是爱孩子的家长，不妨多听一听教师的建议，改一改自己的教育方式。沟通好了，就为以后更好地教育孩子奠定了基础，铺平了道路；配合好了，孩子才能在统一口径统一理念下快乐生活、健康成长。

结合：5+2 > 7

这个公式很有意思。

5 加 2，是一道简单的算术题，如果用这道题来描述我们的教育，那它的结果至少应该是等于 7，最好是大于 7。然而，就现实来说，5 加 2 不仅未必就等于 7，反而是小于 7 甚至等于 0。出现这样的结果，实在是令人痛心，也给我们敲响了警钟——教育是学校、家庭和社会共同作用的结果，家庭教育尤其不应该成为死角。

又到了放学时，校门口照例又挤满了家长，当然这些家长中照例又是爷爷奶奶占据了大多数。好不容易在攒动的人头中看到了一张妈妈的脸庞，"您好，老师！"还没等教师开口，妈妈就一边拉着孩子一边跟教师打了个招呼，"我们家孩子就全拜托您了。我们实在忙，都没时间管教，全托付给您了。今天他奶奶身体不舒服，我还是好不容易抽空来接他的，我得赶紧走啦，哎呀，没办法，太忙了！老师，有空电话联系……"

如今能够耐下心坐下来跟老师详细交流孩子情况的家长屈指可数，能时不时打个电话的也不多，耳边听得更多的是这样的两句话："老师，我们太忙了，孩子送到学校就交给你们了！"——这是孩子的父母说的。"老师，我们年纪大了，只能管管他的吃喝，其他的我们教不了他，就全靠你们了！"——这是孩子的爷爷奶奶说的。"忙！""不懂教！"俨然成了家长们的口头禅。

社会在进步，时代在发展，然而，我们的教育效果却总是不尽如意。一个星期7天，学生在学校5天。周六和周日，学生在家，有家人陪着，对周一到周五在学校所受的教育没有能够得到及时的复习和巩固（更多的家长只关心孩子的书面作业完成了没有，对其他的内容全然不顾）。更有甚者，在孩子面前说的都是社会上负面的东西，或者是自己的牢骚与不满，给孩子幼小的心灵灌输的都是些负面的东西，而这些跟孩子在学校接受的正面教育正好背道而驰。这不仅使教师辛勤劳动的成果得不到应有的尊重和取得应有的效果，更令人担忧的是这些还没有完全辨别能力的孩子，在这个复杂的社会环境中一次次地无所适从。

苏霍姆林斯基说："教育学应当成为所有的人都懂得的一门科学——无论教师或家长都应当懂得它。"家庭教育与学校教育紧密结合，有很多渠道与载体。例如，办好家长学校，提升家长的教育学素养。

"不懂教"在家长的话里有两层含义：一是对孩子的课业辅导力不从心，二是不知道该怎样教育孩子。第一层含义跟家长的知识程度有必然的关系，第二层含义跟家长的知识程度没有直接关系。但我们很多家长却把这两者都归结为自己识字不多，读书不多，这其实是一个误区。想想古今中外的杰出人士，他们的父母是文盲的大有人在；看看身边比较成功的各界精英，他们的父母又有多少是高学历呢？

学校开办家长学校是一个好办法。广大家长应该充分利用这个平台，从家庭教育理念、家庭教育方法、家庭教育途径等方面正确认识家庭教育的重要性，通过不断学习，树立起正确的教育理念，掌握科学的教育方法，寻找合理的教育途径，懂得对孩子的教育不能重智轻德，不能简单粗暴，不能浅尝辄止，不能推却责任。

加强家校联系，取得家校教育的一致性非常重要。苏霍姆林斯基明确提出："教育的效果取决于学校和家庭的教育影响的一致性。如果没有这种一致性，那么学校的教学和教育过程就会像纸做的房子一样倒塌下来。"要想家庭教育和学校教育达到一致，必须加强家庭与学校的联系，最直接的就是家长和教师特别是班主任的联系。现在学校有家长委员会，有家长开放日，有家长会，甚至邀请家长参加班队会和主题教育活动，家长和教师之间的联系呈现多渠道的态势，联系方式越来越多，打电话、发信息、网络联系……迅捷的信息交流方式为家校联系提供了越来越多的便利。学生的学习状况、身体状况、生活状况等都可以在家长和教师间、学校间进行双向的、及时的交流，达成教育共识。

孩子是发展的个体，不管是学校教育还是家庭教育都不能只关注眼前，更要着眼于学生的未来。孩子年龄在增长，心智也在随之发展，学校教育和家庭教育的理念、要求和方式方法也要随之不断地更新与发展，而且应该是同步的，紧密结合的，这样才能共同打造适合学生发展的和谐教育环境。

具体到某一学生，家长和教师的联系应该是双向的、积极的、及时的，任何一方的被动，对学生的健康发展和成长都有百害而无一利。

我们来看这样一个例子：某校五年级某班里有位后进生，家长恨铁不成钢，教育方法简单粗暴，动不动就拳脚相加，学生越打越顽皮，与家长产生对抗情绪，家长很无奈。面对这位家长，你怎么看？你会怎么办？

孩子之所以会产生与家长产生对抗情绪，主要原因在于家长教育方法不当。

家长需要理解与尊重，也需要引导与培训。教师理解家长望子成龙、望女成凤的迫切愿望，尊重他们对孩子教育的所有付出与诉求；引导他们树立科学的儿童观、教育观、人才观，培训他们掌握科学的教育方法和策略。这四个方面必须结合起来，融会贯通，才能形成教育合力，取得事半功倍的效果。

家长要理解简单粗暴的教育方法不可取，会导致严重的后果。家长打骂孩子的直接后果，是使孩子对家长产生排斥心理，抵触情绪。家长越打，孩子越容易养成叛逆的个性，越想摆脱家庭的约束，其后果不可预料。专家认为，家长打骂孩子容易造成三种后果：首先，孩子会产生厌学情绪，由于孩子认为学得不好就会挨打，因此可能会厌恶、逃避学习，把学习与痛苦相联系。其次，家长的打骂是一种暴力行为，给孩子树立了不好的榜样，经常受到打骂的孩子容易带有攻击性。最后，容易造成父母与孩子间关系的疏远、冷漠乃至敌对，孩子从小在恐惧的环境中成长，情感上受到了伤害，

长大后可能就会导致离家出走。也就是说，家长打骂孩子容易催化孩子的不良心理与行为，使孩子产生不良的心态和心理偏差：说谎、懦弱、孤独、固执、粗暴、焦虑……甚至会使孩子走上犯罪道路。曾有这样一个案例：有一个孩子，自幼父母就盼望他能成才，可他贪玩，成绩差。有一次旷课看电影，被父亲知道，狠狠地揍了他一顿。他认错了，父亲还不住手。被打之后，他一肚子委屈，憎恨父亲。他暗暗下决心：父亲越打，我越玩。慢慢地，他走上了流窜偷窃的犯罪道路。这个孩子的变化充分证明：家长粗暴的打骂，只会给孩子带来身心伤害，甚至严重的后果，不会获得教育孩子的良好效果。

学校应该培训家长掌握教育孩子的正确方法，明白对孩子的期望值不要定得过高，要因人而异，不能让孩子有过重的心理负担。家长应认识到，孩子成绩有起伏是很正常的事，遇到孩子成绩不理想或有错误时，应该和他一起分析问题出在哪里。即使孩子确实不用功，也不要采取打骂的方式，而应该进行理性沟通，多给孩子一些关心、爱护、鼓励和方法。当孩子出现问题时，家长要多采用说服教育的方式、情感交融的方式，孩子容易接受和理解的方式。说服教育好像是微波炉，打骂教育好像是烧烤炉。烧烤之后外面熟了，里面不一定熟。可能外面已经焦了，里面还是生的。从长远效益讲，说服式的教育在孩子内心能够起到质的变化。可能变化很慢，但它是很巩固的，能够形成好的道德品质。就像微波炉加热一样，内外一起熟。也就是说，说服教育是最重要的。

学校应告诉家长要尊重、关爱孩子，尤其是缺点突出的孩子，要主动与孩子沟通，走进孩子的内心世界，在与其交流过程中，可以摆事实，讲道理，树榜样，立目标，让孩子理解家长的良苦用心，感受家长所做的一切，从而知道感恩，自立自强，不让家长失望。

家长也要充分理解学校、教师和班集体的育人功能。苏联著名教育家马卡连柯认为集体教育的力量是不容忽视的，它能积极促进学生的健康成长。班集体良好的班风以及优秀生的模范行为可以感染和影响后进生，他们在浓郁的学风、互相帮助的氛围下潜移默化，激励自己的上进心。古人云"近朱者赤，近墨者黑"，就是这个道理。因此，家长要鼓励孩子关心班级，帮助同学，感受集体的温暖。与班主任协调给孩子一个适合的岗位，交给孩子一些任务，让孩子获得成功的喜悦，增强进步的信心和勇气，激发孩子不断向上。

家长要根据学校的要求，督促孩子坚持体育锻炼，增长自我保护知识和基本自救技能，鼓励孩子参与劳动，养成良好生活自理习惯和学习习惯，引导孩子学会感恩父母、诚实为人、诚实做事。家长还要与学校配合减轻孩子过重的学业负担，坚决消除学校减负、家长增负，杜绝不问兴趣、盲目报班的做法，坚决不做"虎妈""狼爸"。

家庭教育与学校教育相互结合，就可以用正确思想、正确方法、正确行动教育孩子，用科学的儿童观、教育观、荣辱观引导孩子，使孩子逐渐形成正确的世界观、人生观、价值观，逐步养成好思想、好品格、好习惯。

融合：同心哺育童心

家长和学校教育对象、教育目标、教育责任相同，不同的是形式、方法、渠道和场合，这就要求彼此相融，和合共进。

我们来看一篇推荐给团中央《少先队小干部》杂志的文章，题目是《苍蝇也可爱》，作者是浙江省绍兴县四年级的学生，推荐人是家长和语文教师。

"晚上吃饭时，家里的吊扇给我送来了阵阵凉爽。突然，一不小心，我把菜汤倒在桌子上了。正在这时，一只苍蝇飞来停在了上面。我本想把它赶走，但当我看到它抖动着前肢吃食的样儿时，便决定留它一会儿。"

"苍蝇伏在桌上津津有味地吃着我洒下的汤。为了吃食它全身都参与了运动。它的小嘴巴一伸一缩的，两只前肢跟着嘴巴有节奏地一上一下抖动着。苍蝇吃食的样子挺可爱的，就像小鸡啄虫似的，一会儿抬头，一会儿低头。最让人惊喜的是它的嘴里时而会吐出像水晶球似的闪闪发亮的小水珠，我不知道那是什么，有何作用，但它却是那样地使我心旷神怡。当我看得出神，悄悄地把身子靠近苍蝇时，它仿佛知道了什么，迅速地抬起头看了我一眼。此时我很担心它会逃走，只好僵住我的身子，屏住呼吸。可那小东西竟好像不怕我，又开始了它原先的动作，继续吃食。我看着它暗暗发笑，同时也为它如此胆大而惊讶。"

"哦，原来苍蝇也是挺有趣的，尤其是它吃食时的可爱样儿。"

文章观察得很细致，描写很生动，整体也很流畅，这大概是家长和教师推荐的原因。但这篇文章的立意却有大问题，把害虫当作歌颂对象，是非混淆、善恶不分。人们不禁要问，孩子不懂得对错，家长和教师也不懂得吗？

这个实例从反面说明一个道理，家长和教师的教育理念如果都不对，融合起来后果更严重。我们需要的融合，是教育理念一致，立德树人，培育和践行社会主义核心价值观，弘扬中华美德，传承民族精神！

怎样才能做到融合呢？还是举个例子吧：两个学生的家长找到班主任，一方说："他的学生威胁我的学生，管我的学生要钱，应当严惩。"另一个家长说："小学生能犯什么大错，学生之间的事大人最好少管。"作为班主任该如何处理表态？

家长因为学生发生冲突，根子在于教育观念，班主任不可能置身事外，要积极介入，巧妙处置。

孩子之间发生摩擦是常有的事，这是他们成长中的必经之路。矛盾不能回避，关键是教师和家长应该以怎样的心态看待和干预，帮助孩子们更好地成长。

情境中所呈现的是家长中两种比较典型的想法，一方"维权"意识很强，觉得对方侵害了自己孩子的合法权益，对孩子造成了危害，应当严惩；另一方对孩子非常"宽容"，觉得小孩子间没什么大事，不必小题大做。作为班主任，首先要理解双方家长的心态与理念，审时度势，因势利导，采取科学的方法进行协调与引导。

班主任可以先将家长分隔开来，分别进行谈话。一方面，对于"维权"意识强的家长，班主任要肯定维护孩子的正当权益是正确的，谁也不希望孩子受到伤害，但是，维权首先要弄清动机，分清对象，孩子之间的生活往往不能简单用成人社会的标准去衡量和裁夺，对问题学生要批评，但如何教育需要讲究方法和度的把握。另一方面，家长关心孩子可以理解，但是孩子正处于成长、锻炼的阶段，不能凡事都由家长"代劳"，有些时候家长要适当退出来，鼓励孩子勇敢面对挑战，把处理问题、历练成长的机会交回孩子手中。

对于持"宽容"态度的家长，要恳切地指出信任孩子虽然难能可贵，但对孩子的成长需要指引和帮扶，虽然错误难以避免，但防微杜渐，严格要求是家长的本分，更是责任。孩子有欺负别人的苗头，不能视而不见，更不能放任不管，要理性地查找问题根结，妥善处理、尽可能地挽回影响。家长要以身作则，做出榜样，这既是对自己孩子的负责，也是对他人孩子的尊重。所以，在这个问题的处理中，家长要做好孩子的工作，正视问题，避免再犯，勇敢地承担后果（归还索要钱款、致歉等）并关注孩子之后心理、行为的转变。

　　最后，在恰当的时候，请双方家长会面，进行充分沟通，前提是不揪辫子、不扣帽子，都是爱子心切，着眼于孩子成长，共同担起责任。三方共同努力，心往一处想，劲往一处使，孩子才会得到良好的教育。

　　家长和教师发生矛盾，往往是因为孩子学习成绩不够理想，家长对任课教师不满，如何对待呢？

　　沟通是人们通过语言和非语言方式传递并理解信息、知识的过程，是人们了解他人思想、情感和价值观的一种双向的途径。在教育过程中，沟通尤为重要，家长与教师之间的沟通有着重要意义。

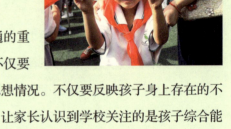

　　家长会是学校与家庭、教师与家长进行沟通的重要路径。在向家长反映学生在校情况时，学校不仅要反映孩子的学习情况，更要反映孩子在学校的思想情况。不仅要反映孩子身上存在的不足之处，更要及时汇报孩子所取得的点滴进步，让家长认识到学校关注的是孩子综合能力、进行的是素质教育，而不仅仅局限于知识教育。

　　社会对人才的需求是多元化的，学校在培养社会公民的过程中呈现出的形态也是多元化的。人的智能分为八种：语言智能、空间智能、身体运动智能、人际交往智能、内省智能、自然观察者智能、逻辑—数学智能和音乐智能。学生的智能无所谓高低之分，区分的只是这个学生的智能类型是什么。八种智能表现出个体差异，每个人都有自己的强项与弱项；有人显现得较早，有人显现得较迟。要与家长配合好，让学生受到良好的教育，这样才能让学生的弱项智能得到开发。

　　任何结果的产生，必然会有很多因素构成。成绩不好只是表面现象，深究其原因才是关键，找到问题的本质才是重点。班主任的科学引导要让家长懂得思路决定出路。思路其实就是理念的选择。我们的传统教育理念，就是所有问题的解决都是以改变学生行为为思路，而不是调整教师行为或者管理规则。借用心理学的知识层次论，我们就会发现，教育问题其实是一层层出现的。最表层的问题显示的都是技能和技巧的缺乏，中间层的问题都是对理论或者概念的本质理解，最深层的常常是教育理念的选择。只有对问题的探寻达到这样的高度才能真正通过解决问题来提升和发展自己。

　　无论是教师还是家长都需要互相理解。学习成绩不够理想，是个表面现象，形成的原因很多，只要家长和班主任善于透过现象看本质，求真务实地进行分析，寻找原因，提出改进措施就会取得成效。彼此教育的融合在于相互了解，解除误解，做到思想互通、信息互通，共同教育好学生。

家庭是孩子成长的摇篮。苏联教育家马卡连柯说："家庭最重要的地方，在于人从这里走向生活。"人一出生首先进入家庭生活，家庭是人最初接触生活和受教育影响的环境，人生第一个社会关系就是家庭。家庭对儿童的社会化有着特殊的价值。家庭是社会的缩影，社会上对儿童积极的或消极的影响，都是首先通过家庭起作用的。良好的家庭教育是社会教育的重要组成部分，家庭教育同学校教育紧密配合，形成教育合力，对儿童施以重要影响。实践证明，没有良好的家庭教育，学校教育也不能达到预期的目的，那些在家庭中受到不良影响的孩子往往是学校中的个别孩子。良好的学校教育是以良好的家庭教育为基础的，只有学校教育而无家庭教育或只有家庭教育而无学校教育，都不能完成培养人这一极其细致、复杂的任务。由此可见，家庭教育是学校教育的基础，学校教育是家庭教育的深化和延续。家庭教育

要努力与学校教育协调一致，科学融合。两种教育不仅要一致行动，向少年儿童提出同样的要求，而且还要从教育的原则、过程、手段上保持一致。当前，我们面临着改革开放的不断深化，社会的转型性矛盾日益突出，其中不乏消极因素。如果家庭教育与学校教育不合拍，甚至反其道而行之，学校教育的作用就会被抵消，少年儿童在思想上就会混乱，行动上就会失范，甚至产生严重的后果。因此，家庭教育与学校教育必须而且一定要做到有机配合、理性结合和科学融合。

教育部关于加强家庭教育工作的指导意见

各省、自治区、直辖市教育厅（教委），新疆生产建设兵团教育局：

　　为深入贯彻党的十八大和十八届三中、四中全会精神以及习近平总书记系列重要讲话精神，落实教育规划纲要，积极发挥家庭教育在少年儿童成长过程中的重要作用，促进学生健康成长和全面发展，现就加强家庭教育工作提出如下指导意见。

一、充分认识加强家庭教育工作的重要意义

　　家庭是社会的基本细胞。注重家庭、注重家教、注重家风，对于国家发展、民族进步、社会和谐具有十分重要的意义。家庭是孩子的第一个课堂，父母是孩子的第一任老师。家庭教育工作开展得如何，关系到孩子的终身发展，关系到千家万户的切身利益，关系到国家和民族的未来。近年来，经过各地不断努力探索，家庭教育工作取得了积极进展，但还存在认识不到位、教育水平不高、相关资源缺乏等问题，导致一些家庭出现了重智轻德、重知轻能、过分宠爱、过高要求等现象，影响了孩子的健康成长和全面发展。当前，我国正处在全面建成小康社会的关键阶段，提升家长素质，提高育人水平，家庭教育工作承担着重要的责任和使命。各地教育部门和中小学幼儿园要从落实中央"四个全面"战略布局的高度，不断加强家庭教育工作，进一步明确家长在家庭教育中的主体责任，充分发挥学校在家庭教育中的重要作用，加快形成家庭教育社会支持网络，推动家庭、学校、社会密切配合，共同培养德智体美劳全面发展的社会主义建设者和接班人。

二、进一步明确家长在家庭教育中的主体责任

　　1. 依法履行家庭教育职责。教育孩子是父母或者其他监护人的法定职责。广大家长要及时了解掌握孩子不同年龄段的表现和成长特点，真正做到因材施教，不断提高家庭教育的针对性；要始终坚持儿童为本，尊重孩子的合理需要和个性，创设适合孩子成长的必要条件和生活情境，努力把握家庭教育的规律性；要提升自身素质和能力，积极发挥榜样作用，与学校、社会共同形成教育合力，避免缺教少护、教而不当，切实增强家

庭教育的有效性。

2.严格遵循孩子成长规律。学龄前儿童家长要为孩子提供健康、丰富的生活和活动环境，培养孩子健康体魄、良好生活习惯和品德行为，让他们在快乐的童年生活中获得有益于身心发展的经验。小学生家长要督促孩子坚持体育锻炼，增长自我保护知识和基本自救技能，鼓励参与劳动，养成良好生活自理习惯和学习习惯，引导孩子学会感恩父母、诚实为人、诚实做事。中学生家长要对孩子开展性别教育、媒介素养教育，培养孩子积极学业态度，与学校配合减轻孩子过重学业负担，指导孩子学会自主选择。切实消除学校减负、家长增负，不问兴趣、盲目报班，不做"虎妈""狼爸"。

3.不断提升家庭教育水平。广大家长要全面学习家庭教育知识，系统掌握家庭教育科学理念和方法，增强家庭教育本领，用正确思想、正确方法、正确行动教育引导孩子；不断更新家庭教育观念，坚持立德树人导向，以端正的育儿观、成才观、成人观引导孩子逐渐形成正确的世界观、人生观、价值观；不断提高自身素质，重视以身作则和言传身教，要时时处处给孩子做榜样，以自身健康的思想、良好的品行影响和帮助孩子养成好思想、好品格、好习惯；努力拓展家庭教育空间，不断创造家庭教育机会，积极主动地与学校沟通孩子情况，支持孩子参加适合的社会实践，推动家庭教育和学校教育、社会教育有机融合。

三、充分发挥学校在家庭教育中的重要作用

1.强化学校家庭教育工作指导。各地教育部门要切实加强对行政区域内中小学幼儿园家庭教育工作的指导，推动形成政府主导、部门协作、家长参与、学校组织、社会支持的家庭教育工作格局。中小学幼儿园要建立健全家庭教育工作机制，统筹家长委员会、家长学校、家长会、家访、家长开放日、家长接待日等各种家校沟通渠道，逐步建成以分管德育工作的校长、幼儿园园长、中小学德育主任、年级长、班主任、德育课老师为主体，专家学者和优秀家长共同参与，专兼职相结合的家庭教育骨干力量。将家庭教育工作纳入教育行政干部和中小学校长培训内容，将学校安排的家庭教育指导服务计入工作量。

2.丰富学校指导服务内容。各地教育部门和中小学幼儿园要坚持立德树人根本任务，将社会主义核心价值观融入家庭教育工作实践，将中华民族优秀传统家庭美德发扬光大。要举办家长培训讲座和咨询服务，开展先进教育理念和科学育人知识指导；举办经验交流会，通过优秀家长现身说法、案例教学发挥优秀家庭示范带动作用。组织社会实践活动，定期开展家长和学生共同参与的参观体验、专题调查、研学旅行、红色旅游、志愿服务和社会公益活动。以重大纪念日、民族传统节日为契机，通过丰富多彩、生动活泼的文艺、体育等活动增进亲子沟通和交流。及时了解、沟通和反馈学生思想状况和行为表现，营造良好的家校关系和共同育人氛围。

3. 发挥好家长委员会作用。各地教育部门要采取有效措施加快推进中小学幼儿园普遍建立家长委员会，推动建立年级、班级家长委员会。中小学幼儿园要将家长委员会纳入学校日常管理，制定家长委员会章程，将家庭教育指导服务作为重要任务。家长委员会要邀请有关专家、学校校长和相关教师、优秀父母组成家庭教育讲师团，面向广大家长定期宣传党的教育方针、相关法律法规和政策，传播科学的家庭教育理念、知识和方法，组织开展形式多样的家庭教育指导服务和实践活动。

4. 共同办好家长学校。各地教育部门和中小学幼儿园要配合妇联、关工委等相关组织，在队伍、场所、教学计划、活动开展等方面给予协助，共同办好家长学校。中小学幼儿园要把家长学校纳入学校工作的总体部署，帮助和支持家长学校组织专家团队，聘请专业人士和志愿者，设计较为具体的家庭教育纲目和课程，开发家庭教育教材和活动指导手册。中小学家长学校每学期至少组织1次家庭教育指导和1次家庭教育实践活动。幼儿园家长学校每学期至少组织1次家庭教育指导和2次亲子实践活动。

四、加快形成家庭教育社会支持网络

1. 构建家庭教育社区支持体系。各地教育部门和中小学幼儿园要与相关部门密切配合，推动建立街道、社区（村）家庭教育指导机构，利用节假日和业余时间开展工作，每年至少组织2次家庭教育指导和2次家庭教育实践活动，将街道、社区（村）家庭教育指导服务纳入社区教育体系。有条件的中小学幼儿园可以派教师到街道、社区（村）挂职，为家长提供公益性家庭教育指导服务。

2. 统筹协调各类社会资源单位。各地教育部门和中小学幼儿园要积极引导多元社会主体参与家庭教育指导服务，利用各类社会资源单位开展家庭教育指导和实践活动，扩大活动覆盖面，推动有条件的地方由政府购买公益岗位。依托青少年宫、乡村少年宫、儿童活动中心等公共服务阵地，为城乡不同年龄段孩子及其家庭提供家庭教育指导服务。鼓励和支持有条件的机关、社会团体、企事业单位为家长提供及时便利的公益性家庭教育指导服务。

3. 给予困境儿童更多关爱帮扶。各地教育部门和中小学幼儿园要指导、支持、监督家庭切实履行家庭教育职责。要特别关心流动儿童、留守儿童、残疾儿童和贫困儿童，鼓励和支持各类社会组织发挥自身优势，以城乡儿童活动场所为载体，广泛开展适合困境儿童特点和需求的家庭教育指导服务和关爱帮扶。倡导企业履行社会责任，支持志愿者开展志愿服务，引导社会各界共同参与，逐步培育形成家庭教育社会支持体系。

五、完善家庭教育工作保障措施

1.加强组织领导。各地教育部门要在当地党委、政府的统一领导下，把家庭教育工作列入重要议事日程，建立家庭教育工作协调领导机制，制定实施办法。积极争取政府统筹安排相关经费，中小学幼儿园要为家庭教育工作提供必要的经费保障。把家庭教育工作作为中小学幼儿园综合督导评估的重要内容，开展督导工作。中小学幼儿园要结合实际制定推进家庭教育工作的具体方案，做到责任到人、措施到生。

2.加强科学研究。各地教育部门要坚持问题导向，通过设立一批家庭教育研究课题，形成一批高质量家庭教育研究成果。依托有相关基础的高等学校或其他机构推动成立家庭教育研究基地，发挥各级教育学会家庭教育专业委员会和家庭教育学会（研究会）等社会组织、学术团体的作用，重视家庭教育理论研究和家庭教育学科建设，探索建立具有中国特色的家庭教育理论体系。

3.加强宣传引导。各地教育部门要开展家庭教育工作实验区和示范校创建工作，充分培育、挖掘和提炼先进典型经验，以点带面，整体推进。教育部将遴选确定部分地区为全国家庭教育实验区，部分学校为全国家庭教育示范校。各地教育部门和中小学幼儿园要树立先进家庭典型，宣传优秀家庭教育案例，引导全社会重视和支持家庭教育工作，为家庭教育工作营造良好的社会环境和舆论氛围。

教育部

2015 年 10 月 11 日

共同的课题

有人做过孩子对家长评价的调查，结果多数孩子认为自己的家长不能"以身作则"；"说教"是普遍的教育形式；体罚现象存在，但溺爱宠惯更严重；父母对孩子的教育情绪化。

看到孩子对自己这样的评价，家长可能感慨万分。那么，孩子希望家长是什么样子呢？

我们来读一篇文章，题目是《假如我是家长》，听听孩子心目中的理想家长——

"我的儿子，放假这么多天了，你在家都干了什么呢？"

"爸爸，我……我什么也没干，就是写了篇作文，家庭作业一点儿也没写。"儿子说。

"一点儿也没写，这怎么行，快点写去。"我严厉而又不失风度地说。看到了吧，这就是做"家长"的我。

假如我是家长，我会……

假如我是家长，对待孩子严肃却不失深爱。严父慈母呗。严格地管教孩子，

但也要合情合理。因为孩子毕竟处在长身体的时候，所以白天要抓紧时间让孩子去学习，写完一门作业后，可以适当放松一下，然后再让孩子接着写。晚饭后，可以让孩子出门活动活动身体，加入楼下孩子们玩游戏的行列，这样会有益于身体健康，缓解疲劳。

假如我是家长，我会先管好自己再去管孩子。我不会在家里吸烟，也不会在公共场合不允许吸烟的地方吸烟，这样就不会对家里人造成危害，也不会危害

他人，还有晚上看电视看得很晚时自觉把声音关小以免吵到孩子。"上梁不正下梁歪。"自己都不改掉坏毛病，凭什么要求孩子改呢？所以做家长的必须克服自己的不良嗜好，做出表率，才能让孩子服气。

假如我是家长，我要让孩子从小养成好习惯。因为人长大后再去改掉不良习惯是很困难的。要让孩子从小做起，防微杜渐，让好习惯陪伴孩子一生。

假如我是家长，我会抽空带孩子去公园，在蓝天白云下，激发孩子热爱大自然的情趣。不要把自己的兴趣爱好强加或复制给孩子，尽量让孩子自己去探索、创造出属于自己的天空。只要他喜欢就鼓励他去做，不管最终成功还是失败，只要努力拼搏了就会有所收获，毕竟做出选择的是他。所以，一般情况下，孩子爱做的事会尽力去做，不愿意做的逼他也没用，就算做了，也不是认真去做。

假如我是家长，我会给孩子以诚挚的爱，让孩子知道，不是只有母亲爱他，爸爸也一样爱他。在孩子遇到困难时，我会给予他精神上的支撑，鼓励他勇往直前，而不是去批评他，说他怎么不好，比不上其他人之类的话，真心实意地去鼓励他，给予他最需要的温暖，用光明的爱把他从黑暗的阴影中解救出来，让他重新看到希望，让他重新鼓起勇气。孩子今后也许还会一次又一次地遭遇挫折，但这不算什么，我还会一次又一次地给予他温暖，给予他关怀。

假如我是家长，我绝不会对家人置之不理。若孩子问我问题，我就会立刻放下手中的工作去回答一切我所能回答的问题。在回答每一个问题时我都会无比耐心。如果孩子没弄懂，我会再给他讲一遍，直到他听懂为止。如果如果在他的休息时间他请求我陪他玩游戏，我会像个小孩一样跟他大玩一场，直到他的休息时间结束为止。

假如我是家长，在孩子出现意外面临危机的生死关头，不管医疗费需要多少，不管是借款还是想其他办法，我一定会让孩子重获新生！

假如我是家长，晚上我会睡不安稳，怕孩子把被子蹬在地上，我想这就叫操心吧！于是我会像一个可爱的"蓝精灵"似的，轻轻地推门而入，为他盖好被子。他笑了，似乎在做梦，不过我还是觉得他在对我说："谢谢您，爸爸。"

假如我是家长，我会公私分明，坚持原则，是对的，就是对的，一定要坚持；是错的，就是错的，一定要改正。我会让家庭非常甜蜜，让孩子生活在快乐中，让全家人都永远幸福。

家长，合格的家长，我要是的话，就会尽一切力量，做好我应该做的每一件事，并且每次都像考试一样，力争优加星，让家庭和谐发展。

尽管这篇文章尚显青涩，但对"假如我是家长"的诉求是清晰的、合理的、感人的。假如我们都能像孩子在这篇作文中所期待的家长一样，何愁素质教育搞不好，上不去？！

人的素质是个体内化了的具有深层意蕴的品质特征，是蕴藏在人自身的尚需开发的身心潜能，并可通过人的言行举止得到外在的表现。从这个意义上讲，人的素质具有潜在性。与此同时，素质具有整体效应性，也就是说，人的素质水平的外观是一种综合效应。任何优良素质的外观，都是人的德性与智能等多方面相互作用的结果。仅凭某一方面的素质，往往很难有所作为。

基于素质的这一特点，家长既应善于开发素质的潜在功能，又应善于发挥素质的整体效应。为了实现整体效应，我们应致力于使孩子全面而和谐发展，从根本上改变诸如重智轻德之类的做法。特别应该关注孩子素质的个体性与群体性。每个人都有自身独特的素质结构。然而，素质不但表现为个体性，而且表现为各类群体中全体成员所具有的某些共同的基本素质。个体素质与群体素质是密切联系在一起的。个体素质是群体素质的"细胞"，若没有高素质的个体，就不可能有高素质的群体；群体素质是个体素质提高的"土壤"，个体素质的提高，会受到群体素质的积极影响。所以，家长应立足于孩子个体素质的全面提高，为形成群体高素质打下基础；对孩子既提出明确的共同的目标要求，又应有所侧重，不可强求一律；与此同时，应重视孩子接受群体素质对自己的积极影响，使个体素质与群体素质的提高相得益彰。

少年儿童素质教育极其复杂，有着广泛的内容，涉及基础教育的各个方面，如德育、智育、体育、美育、劳动教育之间的关系；教与学的关系；学校教育、家庭教育、社会教育之间的关系等，所反映出来的规律是客观的、多层次的，只有按教育规律办事，素质教育才能收到实效、得到发展。显然，在纵向多层次、横向多渠道的素质教育网络中家长的作用不可低估。因此，家长应该利用各种有利条件，通过多种有效途径，以适当的方法引导孩子积极主动最大限度地开发自身的潜能，提高自身的整体素质，实现个性充分而自由的发展。同时，积极融入集体生活，热心为集体服务，努力培育和践行社会主义核心价值观。

　　家家都有一本难念的经。面对个性不同的孩子，家长不必纠结。德为上、智为高、体为本，关键是做好三件事：第一是给孩子做榜样，榜样的力量是无穷的；第二是给孩子立规矩，没有规矩，不成方圆；第三是让孩子爱读书，懂得读书好、读好书、好读书。同时培养孩子两个方面的能力即获取优质教育资源的能力和独立自主自强的能力，就可以达到真在情、善在心、美在意、形在神，培养出真善美的好孩子。

　　在这本书中，我们谈了有关少年儿童素质教育的种种话题，意犹未尽。我们知道这些话题概括不了少年儿童素质教育的方方面面，只是想通过这些话题强调素质教育的重要性以及家长应该履行的职责和义务，走出素质教育的误区，与学校教育更好地配合、结合、融合，研究并回答好我们共同的课题。